LES PRATIQUES DE L'ÉDUCATION ÉCOLE

333 idées pour l'anglais

Colette Samson

Nathan

Les Pratiques de l'éducation – série École

Chansons du patrimoine
Clefs pour l'art
De la découverte du monde à la biologie aux cycles 2 et 3
De la découverte du monde à la géographie aux cycles 2 et 3
De la découverte du monde à l'histoire aux cycles 2 et 3
De la découverte du monde à la physique et à la technologie aux cycles 2 et 3
Des séquences de vocabulaire pour le cycle 3
Enfants difficiles, structures spécialisées
Enseigner la technologie au cycle 2
Enseigner la technologie au cycle 3
Faire vivre une BCD
Français au cycle 3
La géométrie par le dessin au cycle 3
L'éducation à la citoyenneté aux cycles 2 et 3
Le guide de l'Internet à l'école
Lire à haute voix au cycle 3
Ordinateur et pédagogie différenciée
Oser parler, pouvoir écrire
Pédagogie différenciée
Enseigner la poésie au cycle 2
Poésies pour le cycle 3
Pratiquer la philosophie à l'école
Pratiques de l'informatique
Réseaux de projets et réussite scolaire
333 idées pour l'allemand

Dans la même collection :

- série **Maternelle**
- série **Collège**

Remerciements

Je tiens à remercier Annie Faugère pour ses conseils attentifs, Kathryn McCully pour sa relecture bienveillante et Bonnie Tsaï pour son inspiration.

Générique

Coordination éditoriale : Sylviane Brun-Bourguignon, Laure Dercourt
Édition : Chantal de La Hautemaison
Couverture : Pascal Plottier
Conception : Hélène Magnier

ISBN : 978-2-09-121815-1

A répartir → 5 périodes Ce2
3 periodes Cm1. 3 thèmes/perio

Sommaire

P1 + 0 à 10

P2 + 0 à 20

Avant-propos

Coline a 10 ans et Tristan vient d'avoir 8 ans. Ils aiment rire et bouger, regarder et écouter, rêver et se taire, parler et inventer des histoires, découper et peindre, chanter et danser. Ils aiment aussi découvrir et apprendre.

C'est à des enfants comme eux que vous vous adressez. C'est à eux que vous désirez enseigner l'anglais. Sollicitez toutes leurs aptitudes, utilisez toutes leurs ressources. Engagez leurs mémoires visuelle, sensorielle, affective, esthétique, corporelle.

Apprendre à parler une langue étrangère repose en effet sur des activités qui ne s'adressent pas qu'à l'intellect. Elles ont des implications sur les sens, sur les gestes, sur les mouvements, sur les relations qu'on peut avoir avec les autres, sur les sentiments, sur l'imaginaire...

Cet ouvrage est conçu pour vous permettre d'introduire très facilement des activités diversifiées, contrastées et complémentaires qui font appel à tous les canaux d'information et aux sensations de l'enfant.

Il est constitué de chapitres thématiques qui développent des situations de communication courantes pour un enfant de cet âge : comment se présenter, parler de sa famille, de ses animaux familiers, de ses goûts, etc. Chaque thème présente un point fort ou une technique particulière. Vous adapterez ces outils sans mal à d'autres situations et même à d'autres matières ou disciplines.

Le but de cet ouvrage est de vous aider à ***bâtir*** *un programme cohérent et structuré, dans le cadre d'une progression "notionnelle-fonctionnelle" et phonétique précise. Chaque chapitre comprend des activités* ***dissociables*** *les unes des autres, dont la durée est, en général, d'une quinzaine de minutes. Vous pouvez les mettre en œuvre séparément ou les combiner pour construire des séquences plus longues.*

L'ouvrage propose également des activités spécifiques pour une découverte de la culture britannique et de ses aspects géographique, littéraire ou... culinaire, car les éléments culturels sont eux aussi des supports de langage.

Ces "333 idées" espèrent faire naître chez l'enfant le plaisir de communiquer en anglais dans des situations d'apprentissage vivantes, et chez vous, la joie de pouvoir maintenir votre public en haleine !

1

English in the primary school

L'anglais est devenu un outil de communication planétaire et chacun pense qu'il est indispensable de l'apprendre un jour ou l'autre. Alors, pourquoi pas le plus tôt possible, dès les premières années de l'école élémentaire ?

Il existe autour de nous de nombreuses "traces" de la langue et de la culture anglo-américaine. Enseigner l'anglais à l'école, c'est permettre à l'enfant de repérer ces traces dans son environnement immédiat, et d'avoir accès plus facilement aux informations qui lui sont nécessaires ou qui l'intéressent (par exemple dans le domaine des jeux en général, et des jeux vidéo en particulier).

Enseigner l'anglais à l'école, c'est aussi faire prendre conscience à l'enfant des domaines d'utilisation de l'anglo-américain (langage technique, informatique, publicitaire, etc.), ainsi que des domaines de référence à la culture anglo-américaine : c'est lui permettre de mieux comprendre le rôle de la "culture Mc Donald", de la "culture Eurodisney", de la "culture" des séries télévisées américaines..., leur impact et leurs limites.

En retour, il convient d'amener le plus tôt possible l'enfant à une conscience plus claire de la place et du rôle de sa propre langue et de sa propre culture.

1 Une approche active et fonctionnelle

Il est communément admis qu'apprendre une langue vivante, c'est l'acquérir de manière active, en la pratiquant, et que l'objectif de cet apprentissage est bien de communiquer dans la langue. Toutefois, il existe une idée reçue selon laquelle on ne peut parler une langue étrangère que si on a déjà acquis beaucoup de vocabulaire et que si on domine les règles grammaticales de base. Ainsi, selon cette conception, il y aurait toute une phase d'assimilation lexicale et syntaxique passive, et/ou toute une période de reproduction imitative qui déboucherait un jour, comme par miracle, sur une expression orale confiante, maîtrisant toutes les situations de communication envisageables, ou presque...

Mais c'est une idée de perfectionniste ou d'ermite qui n'a aucun besoin réel et immédiat, ou aucune volonté de communiquer avec qui que ce soit. Le nourrisson n'attend pas d'avoir beaucoup de vocabulaire à sa disposition et de dominer les règles grammaticales de sa langue pour communiquer...

❑ **Récitation et communication**

Et puis, apprendre par cœur une saynète et la réciter, est-ce communiquer ? Être assis devant un écran de télévision et suivre les séquences d'une cassette vidéo, est-ce pratiquer la langue ? Répéter par imitation le contenu de cassettes audio, est-ce être entraîné à la communication, avec ses stratégies, ses enjeux, ses risques ?

Certes, la reproduction d'une saynète, d'une chanson ou d'une comptine va inscrire dans la mémoire de l'élève des structures particulières et, dans le cas de la comptine et de la chanson, elle inscrira le rythme de la langue ; certains vidéogrammes sont assurément des supports visuels intéressants ; et les cassettes audio permettent sans doute de faire travailler l'écoute et les compétences de discrimination auditive des élèves.

Mais chacun sait qu'une découverte **active** de la langue ne peut se contenter de faire voir des images, entendre des textes et faire apprendre par cœur vocabulaire ou saynètes. Ce type d'apprentissage ôte à l'élève toute autonomie, ne lui propose aucun choix, aucune liberté, aucune créativité.

❑ **Reproduction et communication**

Une certaine reproduction des structures est nécessaire dans une première phase, mais proposez-la dans le cadre de dialogues très courts, limités à une ou deux répliques. Ces mini-dialogues seront réinvestis immédiatement, "mis en scène", associés à des gestuelles, et modifiés le plus vite possible par les propres **choix** de l'élève. Si vous cherchez à faire réinvestir tout un dialogue ou une saynète appris par cœur, vous vous heurterez à une tâche difficile, car trop peu motivante.

❑ **La langue mise en action**

L'entraînement à la communication passe ainsi par des **activités** où la langue est mise en **action**. Laissez les élèves se l'approprier, comme on s'approprie un outil.

❑ **Les fonctions de communication**

Car il s'agit d'acquérir une langue... pour s'en servir, c'est-à-dire pour accomplir des tâches, pour agir, pour convaincre. Savoir parler une langue, c'est pouvoir faire face à différentes situations, dans différents contextes : c'est pouvoir "se présenter", "remercier", "exprimer des souhaits", "contredire", "demander des informations", "permettre", etc. C'est une dimension fonctionnelle et pragmatique. On parle alors de **fonctions de communication**. Dans cette approche fonctionnelle, le langage est la prolongation naturelle ou la traduction d'une activité.

2 Un enseignement communicatif

Communiquer, ce n'est pas poser une question dont on connaît déjà la réponse, mais au contraire poser une question parce que, justement, on manque d'information à ce sujet, ou parce qu'on désire vérifier une hypothèse. Pourquoi continuer à demander ou faire demander son nom, *What's your name ?*, à un élève dont tout le monde sait comment il s'appelle. Pourquoi demander de faire décrire les couleurs d'un objet que tout le monde voit. Nous ne le ferions pas dans notre langue maternelle. Alors, pourquoi introduire des situations artificielles et contraignantes ? L'introduction systématique d'une pseudo-communication risque, à la longue, de générer l'ennui et le découragement...

❑ **Les stratégies de communication**

Communiquer, c'est chercher à savoir, échanger des informations, comparer, classer. C'est apprécier des probabilités, inférer du sens. C'est mettre en œuvre des stratégies pour, avec le minimum de vocabulaire et de structures, pouvoir exprimer le maximum de choses. C'est dépasser la peur de faire des fautes, de ne pas comprendre et celle de ne pas être compris. C'est prendre des risques calculés, savoir anticiper, émettre des hypothèses. C'est associer à la parole toutes sortes de mimiques, de gestuelles, d'intonations pour porter le sens ou le clarifier.

❑ **Apprendre à communiquer en communiquant**

Placez l'élève **dès le début** de sa prise de contact avec la langue dans des situations de communication simples, modestes, mais réelles. Soumettez-lui tout de suite des stratégies communicatives, et non pas simplement des contenus à reproduire et imiter. Entraînez-le à la communication en communiquant.

3 Un enseignement interactif

La communication est quelque chose qui se construit, **dans l'interaction avec quelqu'un d'autre**. On ne peut pas communiquer ou apprendre à communiquer avec un magnétophone ou un micro, comme on ne peut pas dialoguer avec un perroquet.

❑ **Le "pairwork"**

C'est la raison pour laquelle cette approche favorise l'interactivité, avec un travail en groupes ou en binômes (*pairwork*). Les échanges d'élève à élève permettent d'augmenter le temps de parole et l'autonomie de chacun.

Le rôle de l'enseignant est alors celui d'un "facilitateur" qui introduit les situations, met en place (met en scène ?) les activités, et les passe en relais. Même s'il ne peut pas contrôler et corriger toutes les productions orales des binômes en même temps, il peut, passant derrière les élèves, proposer ici et là corrections phonétiques ou syntaxiques et aide lexicale, sans interrompre le travail de l'ensemble du groupe.

Par ailleurs, l'introduction de modes d'apprentissage en groupes et en binômes poursuit le travail engagé dès l'école maternelle sur le développement affectif de l'enfant, sur l'épanouissement de sa personnalité et sa sociabilité.

4 Un enseignement centré sur l'élève

S'approprier une nouvelle façon d'entendre, de comprendre et d'agir en langue étrangère, c'est non seulement acquérir des procédés, des outils nécessaires à la communication, mais c'est aussi **s'impliquer** dans cette langue. Permettez alors à l'enfant d'être lui-même **acteur** de son apprentissage et d'en être le centre.

❑ Partir du vécu de l'enfant

Faites-le parler de lui-même, de ses goûts, de son environnement immédiat, de ses activités. Ce sont la réalité de l'enfant, son vécu, qui vous inspireront les situations d'apprentissage les plus motivantes.

Voici un exemple : vous désirez apprendre à l'enfant à "demander et dire l'heure qu'il est". Imaginez dans quelles circonstances un enfant de 8-10 ans est amené à demander ou dire l'heure. Est-ce pour se renseigner sur des horaires de trains..., pour dire l'heure indiquée sur des cadrans figurant dans un livre ? Ou n'est-ce pas plutôt pour savoir à quelle heure commencent **ses** émissions de télé favorites ou pour dire à quelle heure il doit aller à **son** cours de piano, à **son** entraînement de judo ou... au lit. Essayez alors d'imaginer des activités à partir de ces situations, plus proches de ses intérêts.

❑ Solliciter l'imaginaire

Mais pour parler de lui et pour parler des autres, sollicitez également l'enfant dans ses capacités et ses ressources d'imaginaire et de simulation. Faites-lui vivre des situations où il est amené à "faire comme si", à inventer de nouvelles identités ou de nouveaux espaces, à s'appuyer sur le monde des histoires enfantines, des BD, des jeux de rôles. Pour élargir les registres de l'imaginaire, dites à vos élèves qu'ils sont des vedettes de l'actualité ou du sport, des personnages historiques, des extraterrestres, des fantômes, des espions, des reporters, des détectives, des monstres, des lutins, des magiciens, etc., ou bien qu'ils les rencontrent... Les situations ainsi créées sont elles aussi des situations d'apprentissage et possèdent un haut niveau de fonctionnalité. Elles ont, en outre, des vertus compensatoires, si l'enfant n'a pas envie de faire référence à son vécu.

5 Une approche "multisensorielle"

Si vous sollicitez l'enfant dans ses intérêts et son imaginaire, sollicitez-le aussi dans **toutes** ses aptitudes, et pas uniquement dans ses aptitudes intellectuelles.

❑ Solliciter tous les canaux d'information

Chez un enfant de cet âge, le rôle du corps et des sens est primordial pour l'assimilation du langage. Entraînez-le à se servir de différents canaux d'information visuels, auditifs, affectifs, esthétiques, tactiles, olfactifs, gustatifs, kinesthésiques... Qu'il recoure à l'ensemble de ses fonctions sensorielles ou motrices pour capter les messages, exprimer qu'il les a compris, et pour en produire à son tour.

Faites appel au sens de l'analyse ou de la logique de l'élève, certes, mais impliquez aussi ses mémoires visuelle, auditive, gestuelle, ses capacités émotionnelles, métaphoriques, artistiques. C'est une dimension "holistique" de l'apprentissage, où toutes les composantes de l'individu sont prises en compte.

Faire entendre par exemple le mot *soft*, dit à voix basse, tout en l'associant au toucher d'une étoffe satinée, permet de s'appuyer non seulement sur les mémoires auditive et visuelle, mais aussi sur les mémoires gestuelle, tactile et peut-être émotionnelle...

❑ Élargir le champ perceptif

Et comment mieux faire apprendre l'expression *That's nice !* qu'en faisant déguster un *scone* encore tiède, nappé de confiture ?

Il s'agit là, en continuité avec les autres apprentissages, de renforcer les compétences transversales dans leur aspect sensoriel, mémoriel et cognitif. C'est le champ perceptif de l'enfant qui s'en trouve élargi.

6 Une ouverture

❑ Faire découvrir la culture et la civilisation

Ce champ perceptif, c'est également le regard qu'il porte sur l'autre et la représentation qu'il a des pays anglophones, par exemple. Découvrir une langue étrangère c'est découvrir toutes sortes d'éléments de civilisation et de culture qui lui sont liés de manière indissociable.

Amenez l'enfant à prendre conscience de la validité d'autres moyens de découper la réalité et d'autres façons de l'exprimer. À travers la présentation d'usages de la vie quotidienne en Grande-Bretagne, faites-lui prendre conscience de la relativité de ses propres usages et habitudes. L'enseignement de la langue pourra alors être le support d'une éducation à la tolérance et à l'acceptation de la différence.

❑ Relier à d'autres matières

Une fois que les élèves auront intégré des apports culturels et de civilisation, faites en sorte que votre enseignement de l'anglais s'ouvre à d'autres aspects :

- reliez-le à d'autres matières : français, mathématiques, histoire, géographie, éducation musicale, etc ;
- intégrez-le dans un projet de classe ou d'école ;

❑ Projets, échanges, voyages

• organisez une correspondance ou bien réalisez une enquête, un projet avec une classe britannique, par exemple par des moyens télématiques.

• préparez un voyage en Angleterre avec votre classe, ou une rencontre avec des élèves britanniques.

Ces apports garantissent à votre enseignement son caractère fonctionnel et concret et donnent à vos élèves une motivation supplémentaire.

7 Les quatre compétences

❑ Une priorité : la compréhension de l'oral

Ne faites pas répéter tout de suite les mots et structures que vous introduisez. Donnez-les d'abord à **entendre**, à comprendre. Laissez aux élèves le temps de se familiariser avec l'écoute, le son du mot. Faites bien percevoir la prononciation, son intonation. Lorsqu'ils auront bien à l'oreille les schémas intonatifs que vous avez proposés, qu'ils les auront accompagnés d'une gestuelle, d'une mise en espace, d'une visualisation, les élèves pourront alors passer à une verbalisation plus confiante.

N'effacez pas chez vos élèves la joie de comprendre par la difficulté de dire.

Si vous désirez faire entendre un texte assez long ou une histoire, prévoyez des tâches spécifiques pour l'écoute, afin de la rendre active.

❑ L'expression orale

Le plaisir de parler naît, pour l'élève, des situations de communication variées et ludiques dont nous avons parlé plus haut, et de toutes les stratégies à mettre en œuvre. Il peut naître aussi de la reproduction bien rythmée et vivante d'une comptine ou d'un poème, de l'adaptation à la scène d'un sketch ou d'une chanson.

Privilégiez l'oral, mais servez-vous aussi de l'écrit. Compréhension et production écrites sont de précieuses alliées dans la visualisation et la mémorisation de la langue.

❑ La compréhension de l'écrit

La compréhension de l'écrit intervient à un moment où les sons ont été bien perçus et les structures pratiquement mémorisées, de telle sorte que l'introduction de la graphie n'introduise pas de confusion et d'interférences dans la prononciation. Elle permet à l'élève de reconnaître la forme écrite des mots qu'il a entendus à l'oral et de comprendre toutes sortes de messages (invitations, lettres, cartes de vœux, instructions, poèmes, etc.), ainsi que de très courts récits.

❑ L'expression écrite

Elle est "trace écrite" ou "copie guidée", mais là encore elle peut être conçue sur un mode fonctionnel et communicatif et servir à rédiger des listes (courses, cadeaux, vêtements à emporter en vacances), des vœux, des invitations, des menus, des emplois du temps, des enquêtes, des consignes, ainsi que des poèmes ou des comptines selon un modèle très simple.

8 Les supports d'apprentissage

❑ Flashcards et wordcards

Les *flashcards* sont des images ou illustrations présentées pour élucider le sens d'un mot ou d'une phrase. Elles servent à présenter le vocabulaire, mais elles sont utiles dans d'autres activités : jeux de Memory, jeu de Kim, *snip-snap*, loto, *bingo*, jeu des sept familles, etc. Vous les construirez à partir de cartes postales, d'images, de dessins. N'hésitez pas à solliciter l'aide des enfants pour leur réalisation.

Associez-les avec des *wordcards* : ce sont des étiquettes comportant la transcription écrite du vocabulaire. Elles sont utilisées au moment de la prise de connaissance de la graphie des mots. Elles sont employées dans les activités citées plus haut, mais également comme aide-mémoire, ou encore pour constituer un fichier-dictionnaire de la classe (voir chapitre 2).

❑ Les marionnettes

Utilisez et, surtout, faites utiliser des marionnettes dans votre classe. Prévoyez une marionnette "substitut du maître" : elle introduit le vocabulaire, fait répéter les mots, corrige les erreurs ; anglophone, elle ne comprend guère le français et pour communiquer avec elle, il faut absolument parler anglais... Introduisez aussi une marionnette "substitut de l'élève" : elle apprend l'anglais ; elle se donne du mal, mais laisse passer des fautes de temps en temps, c'est humain. Il y a même des jours où elle comprend tout de travers. C'est une marionnette idéale pour les élèves timides ou qui se croient en échec, et qui se cacheront derrière son personnage, comme on se cache derrière un masque.

❑ L'écran de télévision

Il propose un "cadre" qui sert de prolongement à une activité d'apprentissage, il peut en être une mise en scène. Ce cadre concentre et motive l'attention de tous (voir "L'interview", chapitre 9).

Prenez un grand morceau de carton fort (60 cm x 80 cm), noir ou gris foncé, et évidez-le en son centre, de telle sorte qu'on puisse voir à travers deux personnes assises l'une à côté de l'autre. Ajoutez des "boutons" sur le côté ou en bas de l'écran. Fixez deux rabats de carton noir à l'aide de chatterton ou de scotch extra-fort, pour pouvoir poser l'ensemble sur une table. Et servez-vous de votre trousse comme d'une télécommande !

❑ L'appareil photo

Il sert à "immobiliser" une scène : *Freeze* ! (Voir aussi "Portrait de famille", chapitre 5.) Il peut vous servir également à ramener le calme après une activité "remuante", en regroupant les élèves. Prenez une petite boîte. Fixez un morceau de tube en carton sur l'une des faces. Recouvrez le tout d'un film adhésif noir.

❑ La boîte aux lettres

Sa présence dans la classe permet d'émettre et de recevoir toutes sortes de messages écrits. Elle joue un rôle social important (voir chapitre 14). Utilisez de préférence une boîte en carton ronde pour la faire ressembler à une *pillar box* (voir chapitre 8). Peignez-la ou recouvrez-la des couleurs postales britanniques : rouge pour le "fût" de la colonne et le "couvercle", noir pour la base.

❑ Le livre d'histoires

Lisez et faites lire à vos élèves des histoires simples de la littérature (enfantine) britannique... en anglais. La lecture d'une histoire peut être, elle aussi, source d'activités multiples. De plus, elle ouvre à l'enfant le champ de la poésie et de l'imaginaire dans une autre langue que la sienne.

Privilégiez des histoires avec des éléments itératifs que les élèves retrouveront avec plaisir et finiront par mémoriser, et répéter avec vous.

De nombreux livres sont utilisables, tels par exemple ceux d'Eric Carle, beaux et bien construits pour l'apprentissage, *The very hungry caterpillar*, *The mixed-up chameleon*, *Do you want to be my friend ?*, etc., les aventures des populaires *Meg and Mog*, ou encore la série des *Spot*. Prévoyez une petite bibliothèque et/ou un coin lecture dans votre classe.

Pour conclure

▶ Enseigner l'anglais à l'école est une expérience riche et gratifiante.

▶ Veillez à ne pas introduire d'exigences de performances trop marquées.

▶ Cet enseignement constituera alors pour l'élève un espace de réussite et de valorisation.

2

Ready, steady, go !

"Every pupil knows more than he thinks he knows and more than his teacher thinks he knows." "Un élève sait plus de choses qu'il ne l'imagine et plus que l'enseignant ne pense". (Petite phrase affichée dans un "College of Education" britannique.)

*Aujourd'hui, c'est la première prise de contact avec votre classe ou votre groupe. Que ce soit l'occasion de faire un "état des lieux", **un inventaire** des connaissances de vos élèves en anglais. Il aura valeur diagnostique et vous permettra de savoir ce que vos élèves savent déjà, et donc de mieux cibler votre enseignement.*

Il mettra aussi vos élèves en confiance dès le premier jour, en leur renvoyant d'eux-mêmes l'image positive de quelqu'un qui découvre qu'il sait déjà un tout petit peu. Rien de tel pour chercher à savoir plus !

Lors de cet état des lieux, vous serez étonné(e) du nombre de mots et de structures connus par l'ensemble de la classe. Prenez en compte ces connaissances, votre enseignement n'en sera que plus efficace.

READY, STEADY, GO !

Objectifs :
• savoir ce que les élèves débutants connaissent déjà en anglais ;
• faire repérer les sons, phonèmes, accents dans les mots et structures déjà connus ;
• valoriser les connaissances des élèves ;
• faire prendre conscience à l'enfant de la présence ou de la "trace" de la langue et de la culture anglo-américaine dans son environnement immédiat.
Matériel : grands morceaux de papier (Canson) pour affiches, posters et mobiles, cartes bristol, étiquettes.

1 L'état des lieux

❑ Mise en commun

1. Demandez aux élèves de vous **dire** les mots anglais qu'ils connaissent déjà (ou d'en établir une liste **écrite**, s'ils le peuvent). Non pas les noms de famille, de produits ou de villes, mais les noms communs, c'est-à-dire les mots qu'on peut faire précéder d'un article. Ou encore, des adjectifs, des verbes ou même des petites phrases. Les enfants vous fourniront des mots comme *boy*, *table*, *computer*, *star*, *game*, *ready*, etc.

❑ Repérage des sons, phonèmes, accents de mots

Redressez les prononciations et intonations si besoin est. Profitez de ce terrain connu pour bien **faire entendre les schémas intonatifs de l'anglais**.

2. Si les élèves sont capables de se lancer (même avec des fautes...) dans la rédaction d'une liste de mots (cycle III), demandez-leur de confronter leur liste avec celle de leur voisin(e). Peut-être compléteront-ils déjà ce premier inventaire à partir de cette confrontation.

3. Proposez-leur de circuler dans la classe et de comparer leur résultat avec ceux d'autres camarades : la liste s'allongera encore un peu...

En fin de compte, l'étendue insoupçonnée du répertoire des enfants étonne toujours. Mais l'anglais est devenu un outil de communication et de travail tel qu'il n'est pas étonnant, même pour les plus petits, qu'ils sachent plusieurs dizaines de mots. Le vocabulaire sportif, déjà à lui seul, est une vraie mine : de *baseball* à *volleyball*, en passant par *crawl*, *corner*, *cross-country*, *goal* ou *penalty*.

Les enfants seront eux-mêmes surpris de l'ampleur de leurs connaissances. Permettez-leur cette **découverte gratifiante**. Elle les motivera pour leur apprentissage.

2 Le dictionnaire mural
The wall dictionary

❑ **L'inventaire devient le décor de la classe**

Sur des affiches ou posters accrochés aux murs de la classe, écrivez ou faites écrire, par catégorie de mots (les animaux sur un poster, les objets usuels sur un autre, les sports sur un troisième, etc.), les mots et structures ainsi mis en commun.

Mais vous pouvez aussi les faire écrire par ordre alphabétique, et constituer un dictionnaire mural.

▶ Votre dictionnaire mural ainsi inauguré, vous le ferez compléter au fur et à mesure des acquisitions : vous pouvez faire écrire les mots de couleurs différentes, selon leur catégorie, si vous le souhaitez. Faites rajouter des illustrations, dessins et/ou photos découpés dans des magazines. Cette technique est une bonne préparation à l'utilisation du dictionnaire.

▶ Vous pouvez préférer faire écrire sur des étiquettes qui seront collées à l'aide de pastilles adhésives sur l'affiche : vous aurez ainsi des *wordcards* toutes prêtes pour des activités ultérieures.

3 L'aide-mémoire

❑ **"Stimuli environnementaux"**

Sur une feuille A4, faites écrire à chaque élève en grosses lettres et au feutre de couleur les mots qu'il désire plus particulièrement retenir. Demandez-lui d'illustrer son "aide-mémoire" et de l'afficher dans la classe. Ce sera pour lui pendant plusieurs jours (ou plusieurs semaines... ?) une référence et une aide visuelle précieuse.

▶ Faites utiliser ce procédé régulièrement aux enfants : il constitue un point d'appui important dans l'apprentissage et leur permet de savoir sur quoi ils doivent concentrer leur attention.

▶ Fabriquez, vous aussi, des aide-mémoire personnalisés pour vos élèves, pour les aider à mémoriser la structure sur laquelle ils achoppent, ou le mot qu'ils oublient constamment...

4 Le dictionnaire sur fiches
The dictionary-file

❑ **Un dictionnaire fait par les élèves**

Il est aussi possible de constituer un "fichier-dictionnaire" en plusieurs exemplaires (trois, par exemple), si des élèves veulent se servir du fichier simultanément.

Faites écrire sur des fiches de bristol les mots et structures au fur et à mesure de leur apparition/acquisition et, si possible, faites-les toujours illustrer. Éventuellement, faites écrire la traduction du mot ou de l'expression au verso. Vérifiez bien l'orthographe !

❑ Des supports visuels pour plus d'autonomie

5 Le poster grammatical

Vous pouvez également faire réaliser des posters grammaticaux, ou *grammar-posters* : demandez à un élève de concevoir un poster très clair explicitant un point de grammaire, et de l'illustrer un peu comme une affiche publicitaire qui vanterait, non un produit, mais une règle grammaticale.

▶ **Dictionnaire mural, aide-mémoire, dictionnaire sur fiches, posters grammaticaux :** ces supports servent de référence aux élèves au moment où ils utilisent les mots ou structures à l'écrit et désirent vérifier leur sens et/ou leur correction grammaticale. Les élèves sont ainsi encouragés à retrouver la forme correcte eux-mêmes, plutôt que de la demander au maître. Ces supports contribuent à une plus grande **autonomie** de l'enfant.

❑ Variante

6 Les mobiles / Danglers

D'autres aides visuelles peuvent prendre la forme de "mobiles" ou *danglers* : ce sont de grands morceaux de papier épais (format A3, par exemple) suspendus au plafond (ou à une "corde à linge", *a washing line*). Ils peuvent être, bien sûr, de couleurs et de formes différentes et doivent être à portée de vue des élèves. Faites utiliser les deux côtés du mobile.

❑ Repérage de la langue et de la culture dans l'environnement familier

7 Les explorateurs / Explorers

Après avoir fait découvrir aux élèves la présence insoupçonnée d'objets d'origine britannique ou américaine ("C'est écrit en anglais !") dans la trousse ou le cartable de chacun, demandez-leur, pour le lendemain, ou la semaine suivante, de "partir en exploration" et de vous fournir la liste de tous les mots anglais qu'ils découvriront chez eux, dans la rue, le bus ou le métro. S'ils le souhaitent, ils pourront ramener une carte, une affiche, un objet à exposer ou à accrocher dans la classe.

Pour conclure

▶ **Faites l'inventaire des connaissances de vos élèves.**

▶ **Mettez-les en valeur, en en faisant le premier décor de la classe.**

▶ **Tenez-en compte dans vos propres contenus d'enseignement.**

3

Hello, hello !

Dans le registre des salutations, "Hello !", "Good morning !", "Good night !", "Goodbye !", ou même "How do you do ?", font, la plupart du temps, déjà partie des structures connues des élèves. Profitez de ce terrain favorable pour introduire auprès des enfants un travail sur le corps et la gestuelle, ainsi que sur le rythme de la langue, sa prosodie.

La mémoire du corps et du geste, et celle de la musique de la langue qu'il aura intimement perçue, seront, pour l'enfant, des auxiliaires indispensables dans son apprentissage.

Ce travail pourra être précédé d'une prise de conscience des conventions sociales inscrites dans le langage.

HELLO, HELLO !

Fonctions de communication : saluer, prendre congé.
Matériel : affiches ou posters grand format.
Disposition : en cercle, sur deux lignes…
Types d'activités : mime, jeu de rôles, chant scandé : travail oral sur la prosodie, reconnaissance de l'écrit, production écrite et prolongements.
Durée : 8 activités de 15 minutes environ chacune et prolongements.
Vocabulaire et structures : *Good morning ! Good afternoon ! Good evening ! Good night ! Hi ! Hello ! Goodbye ! Bye(-bye) ! See you ! How do you do ? How are you ? Fine. Thanks ! Thank you.*

1 Les salutations : quand et comment saluer ?

❑ Les conventions sociales

Expliquez aux élèves que les Anglais ont deux expressions pour se dire "bonjour", selon qu'il s'agit de la matinée (*Good morning !*) ou de l'après midi (*Good afternoon !*).

Par ailleurs, rappelez-leur qu'en français, si on peut dire "Salut !" à un copain, on ne peut guère le dire à une personne qu'on ne connaît pas et qu'il y a donc des registres de langue. En anglais c'est la même chose. *Hi !*, *Hello !* et *Bye*(*-bye*) *!* sont réservés aux personnes qu'on connaît bien, ainsi que *How are you ?* (prononcé *How're you ?*).

Good morning ! Good afternoon ! et *Good evening !* sont employés, soit quand on veut insister sur la partie de la journée en question, soit quand on s'adresse à des personnes qu'on connaît peu. *How do you do ?* (salutation à laquelle on répond par un autre *How do you do ?*, tout en serrant la main de l'interlocuteur) est adressé à quelqu'un qu'on voit pour la première fois.

La bienséance et la tradition anglaise nécessitent parfois l'utilisation de *Good morning, sir*, ou *Good morning, madam. Ma'am*, en Grande-Bretagne, est réservé à... Sa Majesté la Reine... ou à une personne de haut rang, ou encore à quelqu'un qu'on veut traiter avec beaucoup de courtoisie.

❑ Une introduction aux jeux de rôles

Ces explications prendront toute leur signification dans la mise en place de **jeux de rôles**. Elles permettent aussi aux enfants de mieux prendre conscience des règles et conventions sociales.

2 "Prenez la pose" / Greeting poses

❑ Mise au point des gestuelles

1. Étudiez avec les élèves, après avoir bien précisé le sens et l'emploi des différentes salutations, une pose ou une gestuelle pour chacune d'entre elles. Ces gestuelles pourraient être :

• *Hello !* : faire un petit signe de la main ;

• *Good morning !* : écarter les deux bras, un large sourire aux lèvres ;

• *Good afternoon !* : faire un signe de la tête ;

• *Good evening !* : réprimer un bâillement ;

• *Good night !* : fermer les yeux et faire reposer la tête de côté sur les mains jointes ;

• *How do you do ?* : tendre le bras en avant, comme pour serrer une main

❑ Compréhension de l'oral

2. Faites mettre les élèves debout, en cercle, et adressez-leur, en désordre, différentes salutations : ils devront à chaque fois prendre la pose correspondante (sans répéter la structure). Il s'agit d'une réactivation de la **compréhension** auditive.

❑ Expression orale

3. Quand vous estimez que les différentes expressions sont bien comprises et les gestuelles bien intégrées, divisez la classe en deux groupes, **A** et **B**, et demandez-leur de se mettre sur deux lignes, d'abord face à face. Il s'agit pour eux de bien repérer leur partenaire.

Puis faites-les se placer dos à dos, toujours sur les deux lignes. (Vous pouvez d'abord montrer l'activité avec un seul élève.) À votre signal (vous frappez dans vos mains) les deux groupes se retournent et les élèves du groupe **A** (*A strikes a pose !*) prennent chacun la pose de leur choix, sans rien dire. Chaque élève du groupe **B**, réagissant à la pose prise par le/la camarade en face de lui/elle, lui adresse la salutation correspondante. Puis les deux groupes se retournent à nouveau. La fois suivante, toujours à votre signal (*B strikes a pose !*), ce sera au tour des élèves du groupe **B**, sitôt retournés, de mimer une gestuelle. Et les élèves du groupe **A** y répondront chacun par une salutation. Le niveau sonore, un peu élevé et un peu confus (les élèves adressent des salutations différentes au même moment) ne doit pas vous décourager, bien au contraire : les élèves trouvent beaucoup de plaisir à cette activité et ce plaisir est gage d'efficacité.

❑ Adaptation

Vous pouvez l'adapter à d'autres situations et champs lexicaux : par exemple au champ lexical "corps et maladie" ; ainsi, les élèves, regardant leur camarade mimer une douleur, pourront demander : *Have you got a back-ache ? Have you got a tummyache ?* ; ou bien, elle peut s'adapter au registre "sentiments" : *Do you feel sad ?* C'est une activité hautement communicative, qui peut même déclencher tout un petit sketch.

3 Comment ça va ? / How are you ?

❑ Une activité de pratique verbale ludique

Les élèves sont debout en cercle. Joignez-vous à eux. Commencez à faire quelques pas rapides en suivant le cercle, à l'extérieur. Arrêtez-vous et dites à un des enfants, en lui serrant la main : *How are you ? How are you ?* Ensuite, partez rapidement l'un et l'autre, dans les deux directions opposées. En vous rencontrant à mi-parcours, l'élève doit vous répondre : *Fine. Thank you. Fine. Thank you*, en vous serrant la main. Continuez votre chemin et essayez de rejoindre le plus vite possible votre place, mais sans courir. Si l'enfant rejoint sa place en dernier, c'est lui qui à son tour reprendra l'activité à son début, etc.

4 Texte ou chant scandé / Greeting chant

❑ Travail sur la prosodie

Veillez à introduire un travail sur le rythme de la langue et sa prosodie le plus tôt possible : Proposez ce *chant* [tʃa:nt], ou petit texte scandé, à faire répéter aux élèves, répartis en deux groupes.

Groupe **A** : *How do you* ***do*** *?* / Groupe **B** : *How do you* ***do*** *?*

Groupe **A** : ***I hope*** *you're* ***well*** *!* / Groupe **B** : ***I hope*** *you are* **too** *!*

(D'après C. Graham, *Jazz Chants*, © Oxford University Press)

❑ Travail d'écriture de textes

Les élèves répéteront ce petit refrain, **bien rythmé**, avec beaucoup de plaisir. Mais le plus intéressant et le plus efficace serait de **faire écrire** leurs propres *chants* par les élèves eux-mêmes.

5 Associer des phrases / Matching sentences

❑ Reconnaissance, compréhension de l'écrit

1. Faites remettre dans l'ordre les phrases d'un dialogue. Voici deux exemples de dialogues :

Dialogue **A** :	Dialogue **B** :
- Fine. And you ?	*- I am most pleased.*
- Hello, Martin !	*- How are you ?*
- I'm fine. Thank you.	*- Good morning, my dear.*
- How are you ?	*- Very well. Thank you.*
- Hello, Virginia !	*- Good morning, dear George.*

Et faites deviner quel genre de personnes s'exprime dans l'un et l'autre cas. Il s'agit d'un travail sur les registres de langue.

2. Ou encore, rédigez questions et réponses réparties sur deux colonnes, en désordre, et faites relier chaque phrase de la colonne n° 1 à sa bonne réponse dans la colonne n° 2, par exemple :

Good morning, sir.	*Fine. Thanks.*
Goodbye, Romeo.	*How do you do ?*
How are you ?	*Good morning, madam.*
Good night.	*Hi !*
Hello, Charlie !	*Goodbye, Juliet.*
How do you do ?	*Good night.*

6 Compléter les bulles / Fill in the bubbles

❑ **Expression écrite**

Proposez une fiche contenant plusieurs dessins du type de celui figurant ci-dessous :

Il s'agira pour les élèves de trouver les salutations employées par les différents personnages, selon la partie de la journée, ou selon la situation, et de rédiger les structures correspondantes dans les bulles.

7 Serpents de mots / Wordsnakes

❑ **Reconnaissance de l'écrit, expression écrite**

Proposez des "serpents de mots" ou des anagrammes à démêler et à déchiffrer, selon les exemples ci-après :

WORUYEHAO
Hellohowareyoulamfineseeyougoodbye

Utilisez, par exemple, le registre de "l'espion" : il s'agit ici de messages que l'agent secret Max Bond a laissés à son arrivée dans la ville, lorsqu'il a cherché à contacter ses collaborateurs (ses collaborateurs étant, bien sûr, les élèves eux-mêmes...).

En réponse, faites inventer par les élèves d'autres messages codés.

8 Jeu de rôles / Role-play

❑ **Réactivation**

Pour réactiver les salutations, proposez un peu plus tard les situations suivantes, à jouer par paire ; les élèves devront alors choisir la formule et la gestuelle adéquates.

• Vous êtes, l'un, la reine d'Angleterre, et l'autre un élève français qu'elle a invité à prendre le thé.

• Vous êtes, l'un, un dompteur et l'autre, un tigre dans un cirque.

• Vous êtes deux vieux amis, vous serrant la main à travers les barreaux de votre prison.

• Vous venez de gagner 5 millions au loto. Le directeur de la "Française des Jeux" vous remet votre chèque.

• Vous êtes deux champions de boxe. Vous pensez l'un et l'autre que vous êtes le meilleur.

• Vous êtes, l'un, une vedette de cinéma très célèbre et l'autre, un(e) admirateur/trice très enthousiaste, etc.

Faites inventer d'autres situations par les élèves !

Pour conclure

▶ Amorcez une réflexion sur le rôle social de la langue et ses conventions.

▶ Faites utiliser toutes les "mémoires" de vos élèves : mémoire visuelle, auditive... mais aussi corporelle, gestuelle, rythmique, tactile, etc.

4

What's your name ?

La séquence où l'élève est entraîné à se présenter, dire son nom et son âge en langue étrangère, est l'une des plus attendues par l'enfant et des plus redoutées par le maître. En effet, la plupart du temps, la situation de communication est totalement artificielle : le maître sait déjà le nom et le prénom des élèves et très souvent leur âge. La question "What's your name ?", adressée à un élève dont le maître sait pertinemment qu'il s'appelle Julien, a, dès lors, quelque chose d'un peu surréaliste. L'enfant sent confusément le caractère factice du dialogue, mais accepte volontiers de dire "My name is Julien" tout à la joie de se présenter ***une fois*** *en anglais.*

Mais tout enseignant sait que l'acquisition d'une structure nécessite de nombreuses répétitions. C'est afin d'éviter de continuer à poser des questions dont on connaît déjà la réponse (ce que chacun se garde de faire dans sa langue maternelle, sous peine de se voir accusé d'avoir perdu l'esprit ou la mémoire...) qu'il faut faire travailler l'imagination des enfants.

C'est afin d'éviter de les faire "rabâcher" les mêmes réponses aux mêmes questions qu'il faut recourir à la devinette, à la solution de problèmes, à l'émission d'hypothèses, au travail de prédiction.

Alors, pour sortir des sentiers battus, ***laissez l'enfant partir à la recherche d'une nouvelle identité !***

WHAT'S YOUR NAME ?

Fonctions de communication : dire son nom à quelqu'un, son âge, lui demander comment il s'appelle.
Matériel : 3 ou 4 petits carrés de papier par élève.
Disposition des élèves : repoussez les tables pour disposer d'un "espace de circulation".
Types d'activités : devinette, jeu de rôles, jeu de "Memory", mime, production écrite.
Durée : 6 activités de 15 minutes chacune.
Vocabulaire et structures : *My (his, her) name is..., What's your name ? I am... (years old), How old are you ? I live in...*

1 Les couples célèbres / Famous couples

1. En français, demandez aux élèves de vous citer les "couples célèbres" qu'ils connaissent. Donnez un ou deux exemples : "Tom et Jerry", "Laurel et Hardy". Notez-les au fur et à mesure sur de petits carrés de papier. Si vous avez 24 élèves, il vous faut... 12 couples. Regroupez d'un côté les "Tintin, Roméo, Bonnie et Astérix" et regroupez de l'autre les "Milou, Juliette, Clyde et Obélix". Ne les mélangez pas !

❑ Une nouvelle identité

2. Divisez la classe en deux groupes **A** et **B**. Faites tirer à chaque élève du groupe **A** un carré de papier correspondant à la première série des noms, puis à chaque élève du groupe **B** un morceau de papier de la seconde série. Demandez aux élèves de garder leur nouvelle identité secrète, pour le moment. Chacun comprend que son partenaire est dans l'autre groupe. Mais où ?

❑ Faire émettre des hypothèses

3. Faites mettre les deux groupes d'élèves debout, face à face. Dites aux élèves qu'ils vont chacun se présenter à l'autre groupe. Le premier élève du groupe **A** commence. Il dit par exemple : *Hello ! My name is Asterix !* Dans l'autre groupe, "Obélix" ne doit surtout pas se trahir ! Si "Astérix" croit avoir repéré où est "son" Obélix, peut-être à un très léger sourire, il lui demande : *What's your name ?* S'il a deviné juste et que l'autre élève lui répond, *My name is Obelix !*, "Astérix" **rapporte un point à son équipe**.

Mais il se peut que l'élève réponde : *My name is Romeo*. Dans ce cas, passez au premier élève du groupe **B** qui se présentera et cherchera où est son compagnon, suivant le même modèle, puis au second élève du groupe **A**, en alternant les deux groupes.

4. Faites passer chaque élève à son tour. À chaque fois qu'un élève devine juste, faites mettre les couples ainsi rassemblés légèrement de côté. Comptabilisez ou faites comptabiliser les points obtenus et proclamez le score final : *Team number 1 wins by 12 to 11 !*

❑ Un moyen de créer de nouveaux binômes

5. Demandez ensuite aux élèves de marcher calmement dans "l'espace de circulation" que vous avez aménagé et d'aborder chacun de leurs camarades en lui serrant la main, et en lui disant, par exemple : *Hello ! My name is Bonnie ! What's **your** name ? **My** name is Laurel ! Good morning Bonnie !*

Les enfants se présenteront ainsi à tous et essaieront de retenir la nouvelle identité de chacun. Joignez-vous au groupe.

▶ Cette activité est un excellent moyen de créer de **nouveaux binômes** dont l'association peut fonctionner à d'autres moments ou dans d'autres matières.

❑ Variante : l'identité mimée

Chaque enfant mime son identité d'emprunt et les autres doivent deviner comment il s'appelle : *Your name is Tintin !* Profitez de cette activité pour introduire : ***His*** (ou ***Her***) *name is Tintin.*

2 | Le fichier / On the file

❑ Expression écrite

À la suite du jeu des couples célèbres, distribuez la **liste des élèves de la classe, ou du groupe**. Dites aux élèves qu'ils sont maintenant des détectives chargés d'établir le plus rapidement possible le nouveau fichier secret de la classe. Les détectives peuvent travailler par paire. Demandez-leur d'écrire en face de chaque nom leur nouvelle identité, selon le modèle *Charlotte X* : ***Now, her** name is Juliette !* Celui/celle (ou le binôme) qui aura pu retrouver le maximum d'identités nouvelles a gagné.

3 | Nouvelles identités / New identities

❑ Expression orale et mémoire gestuelle

1. Distribuez aux élèves un carré de papier sur lequel vous leur demandez d'inscrire très lisiblement le nom d'une vedette du spectacle, du sport, de l'actualité ou celui d'un personnage historique ou imaginaire. Donnez un ou deux exemples : Dracula, Mary Poppins, Zorro, Harry Potter, etc. Faites ramasser les papiers et faites-les redistribuer en désordre par un "facteur", *a postman*.

2. Faites se présenter les élèves, selon la nouvelle identité qui leur est échue : "*My name is* ". Demandez-leur toujours de vivre leur nouveau personnage de la **voix** et du **corps** : "Dracula" a sûrement une voix et une démarche particulières !

4 Encore d'autres identités d'emprunt

❑ **Prolongement, langue orale**

1. Vous pouvez imaginer d'autres identités possibles : noms d'extraterrestres, d'espions, tels que XSH ou 006, etc., qui serviront à pratiquer un son, les lettres de l'alphabet, ou certains chiffres, si les élèves les connaissent déjà.

nombres

2. Introduisez des **âges imaginaires**. Faites-les écrire par les élèves sur un carré de papier. Selon les chiffres connus, faites écrire des nombres de 1 à 20... ou de 1 à 199! Introduisez également des **lieux d'habitation** imaginaires.

3. Faites tirer trois étiquettes, au hasard ; la première comportant le nom, la deuxième l'âge et la troisième le lieu d'habitation imaginaires. Un élève pourra alors se présenter ainsi : *My name is Cleopatra, I'm 3 and I live on Jupiter !* Et n'oubliez pas : les élèves sont invités à "jouer" leur personnage.

5 La carte de visite / The visiting card

❑ **Expression écrite**

Découpez cinq ou six portraits de personnages connus (vedettes de l'actualité, personnages de BD) et faites inventer pour chacun une "carte de visite", portant la mention : *My name is...* Faites reproduire sommairement ces portraits par les élèves dans leur cahier, et ajouter la carte de visite des personnages. Demandez qu'ils leur attribuent un âge et un lieu d'habitation (éventuellement imaginaires) puis qu'ils l'écrivent sur la carte.

6 Le passeport / The passport

❑ **Prolongement, langue écrite**

Faites faire aux élèves leur "passeport", selon le modèle simplifié d'un vrai passeport. Comme d'habitude ils pourront utiliser leur véritable identité ou bien une identité imaginaire.

Ce passeport pourra être complété par la suite par le "signalement" de son propriétaire : **date de naissance, couleur des yeux, des cheveux, taille, signes particuliers**, etc.

Pour conclure

▶ **Évitez les situations de communication par trop factices et monotones.**

▶ **Utilisez l'imaginaire des enfants pour rendre la communication plus productive.**

▶ **Présentez, grâce aux "nouvelles identités", des personnages littéraires ou historiques du pays.**

5

My family

La famille, avec le champ lexical qui lui correspond, est l'occasion, en cours de langue, de se pencher sur les liens de parenté de l'enfant et sur son arbre généalogique, "the family tree".

Ces liens sont difficiles à visualiser pour le jeune élève, et, pour lui, mettre au point son arbre généalogique a toujours été une activité complexe parfois fort délicate, car certains liens de parenté s'avèrent inextricables. Des enfants connaissent des situations de séparation, ou de remariage des parents. Comment faire figurer tout cela ?... deux "pères", deux "mères", quatre grands-parents, un nombre incertain d'oncles et de tantes, des demi-frères et sœurs. Complication, embarras, constat douloureux. Alors, comme il s'est inventé une nouvelle identité, l'enfant pourra s'inventer une ***nouvelle famille****.*

Outre sa valeur compensatoire indéniable dans les situations difficiles, cette technique permet d'approfondir un peu plus le travail sur l'imaginaire, associé à la confection de ***masques*** *et/ou de* ***marionnettes****. Elle peut être le point de départ de la rédaction d'une histoire ou d'un conte en langue maternelle (cf. "L'Histoire dont vous êtes le héros").*

MY FAMILY

Fonction de communication : parler de sa famille.
Matériel : photos découpées dans des magazines, étiquettes avec prénoms, petites pinces à dessin, assiettes en carton, ciseaux, colle, élastique, brins de laine, papier et feutres de couleur.
Types d'activités : associer un mot et une image, jeu de rôles, travaux manuels, travail sur le rythme prosodique (*chants*).
Durée : 8 activités de 15 minutes au moins.
Vocabulaire et structures : *mother, mum, father, dad, brother, sister, grandmother (grandma, gran), grandfather (grandpa), uncle, aunt, he / she is... (years old), Have you got... ? Yes, I have/No, I haven't. I've got..., who is it ? this is...,* pronoms personnels, adjectifs possessifs, pluriel des noms, le possessif avec **'s**.

1 Mamie Nova

❑ **Compréhension de l'oral**

1. Présentez le portrait d'un "grand-père" ou d'une "grand-mère" célèbre, par exemple "Mamie Nova", et dites très sérieusement : *This is my grandmother !* Vous pouvez lui associer un "Papi Nova", si vous le souhaitez. Certains enfants ne vous croiront pas, bien sûr, mais d'autres vous envieront d'avoir une grand-mère aussi connue. Tous comprendront instinctivement que vous utilisez le registre de l'imaginaire.

2. Continuez la présentation de votre "famille" à partir de portraits divers (quelle famille souhaiteriez-vous vous inventer ?). Présentez six ou huit mots, selon vos objectifs. Fixez à l'aide de pastilles adhésives les portraits au tableau et numérotez-les.

3. Faites venir un ou deux élèves et demandez-leur de désigner le portrait correspondant à la question : *Who is my father ?* ou d'en donner le bon numéro, si les élèves connaissent déjà les chiffres. Procédez ainsi pour tous les membres de votre "famille" avec plusieurs groupes d'élèves.

4. Donnez-leur un prénom, anglais si possible ! *This is my brother : His name is Charlie ! This is my sister ! Her name is Betty !* etc. (Pensez à des personnages connus et utilisez des prénoms comme *Harry, Jennifer, Tom, Michael, Winnie, Bart, Maggy, etc.*)

❑ **Compréhension de l'écrit**

5. Mettez les "cartes de visite" de votre famille avec leur prénom (par ex. : *Brother Charlie*), – ou écrivez-les – au tableau **en désordre**, et demandez de les placer ou de les réécrire sous le portrait correspondant. Répétez une ou deux fois cette activité.

2 Portrait de famille / Family portrait

1. Remettez chacun des portraits à un élève, en disant : *Would you like to be my grandfather ?* , ou plus simplement : *You are my grandfather O.K. ? You are my uncle, O.K. ?* etc., et fixez le portrait avec une petite pince à dessin au pull de l'élève.

❑ **Expression orale**

2. Demandez-lui maintenant son nom : *What's your name ?*

Procédez ainsi avec les six à huit figurants que vous avez choisis pour représenter votre "famille".

3. Puis, dites-leur que vous allez faire (faire) une photo. Faites-les se placer devant la classe, et demandez-leur de ne pas bouger : *Don't move !* et de sourire au photographe : *Say cheese !* (profitez-en pour expliquer aux enfants que c'est l'expression utilisée par celui ou celle qui veut prendre quelqu'un en photo pour le faire sourire, en lui faisant prononcer le mot *cheese* ! En France, on utilise le mot "ouistiti" !). Joignez-vous au groupe, car... vous êtes de la famille, et demandez à un "photographe" d'utiliser "l'appareil photo" (voir explications au début de cet ouvrage), ou un appareil réel.

4. Juste avant (ou juste après) la photo de famille, simulez une brusque crise d'amnésie et demandez à chacun : *But, who are you ?* Les élèves répondent : *I'm, Maggy, your grandmother !* ou bien *I'm Bonnie, your aunt !* , etc.

3 Choisir sa famille / Choose your family

1. Passez l'activité en relais : *It's your turn to choose a family !* Les enfants peuvent dessiner les portraits des membres de leur famille (imaginaire), ou utiliser des portraits que vous avez découpés dans des magazines. Chaque enfant se constituera sa « famille », et donnera à chacun de ses membres un prénom. Dites aux enfants qui ont une très forte adhésion à leur image familiale, qu'ils peuvent, bien sûr, représenter leur **vraie** famille !

❑ **Expression orale plus autonome**

2. Puis, demandez aux enfants de présenter leur famille à leur voisin(e), et, éventuellement, à d'autres camarades ou à toute la classe.

Ils peuvent préciser leur âge (si les chiffres sont connus) et leur lieu d'habitation. Par exemple, *This is Bob, my uncle. He is 35 and he lives in America* ou bien, *I've got 3 sisters : Pamela, Sue Ellen and Cindy.*

3. Demandez ensuite à un élève de choisir ses figurants et de distribuer ses portraits à quelques camarades : *You are Laurel, my father*, etc. , et de prendre la "photo de famille" (sans oublier de dire *Say cheese !*). Répétez l'activité une ou deux fois.

4 L'album de photos / The photograph album

❑ Compréhension et expression écrites

Demandez alors aux élèves de coller les portraits dans leur cahier ou sur une feuille de papier, et de les étiqueter (vos propres étiquettes sont au tableau et servent de référence).

Faites ajouter âge et lieu d'habitation. C'est un bon moyen d'introduire le -s de la troisième personne du singulier : ***This is Grandma Anna. She lives in Ottawa.*** **(Les lieux d'habitation imaginaires introduits dans les séances précédentes peuvent être utiles.)**

5 En chœur / A family chant

❑ Travail sur la prosodie et le rythme

Introduisez ce texte dialogué entre les élèves et vous (faites bien sentir le rythme du ***chant*****, du texte scandé).**

Vous : ***Do you know Wendy ?***
Élèves : ***Yes, of course we do.***
V : ***Do you know her mother ?***
É : ***Yes, we know her mother and her father too.***
V : ***Do you know her sister ?***
É : ***Yes, we know her sister and her brother too.***
V : ***Do you know her aunt ?***
É : ***Yes, we know her aunt and her uncle too.***
etc.

(D'après C. Graham, ***Jazz Chants*****, © Oxford University Press)**

Passez l'activité en relais à un élève-meneur de jeu. Introduisez ou faites introduire un prénom masculin ; puis deux prénoms pour présenter ***their*****, ainsi que des pluriels (*****sisters*****). Prolongez cette activité pour travailler le possessif avec 's :**

M : ***You know Wendy's brother ?***
É : ***Yes, of course we do, ... and Wendy's sister too !***

6 Les masques / Masks

❑ Prolongement

Les élèves peuvent représenter une ou deux personnes de leur "famille" (ou plus s'ils le désirent) en réalisant un masque à partir d'une assiette en carton. Cette activité débouche sur une petite représentation.

1. Au cutter, découpez, ou faites découper dans l'assiette des trous pour les yeux et le nez et de petits trous pour l'élastique. Faites placer les yeux à mi-hauteur du "visage". Faites dessiner au feutre (du côté cartonné et non plastifié) sourcils, bouche, lunettes, etc. Faites coller des brins de laine ou des bandes de papier de couleur pour les cheveux.

Pour un demi-masque, qui permet de parler et d'être entendu, découpez l'assiette selon le schéma ci-dessous. Passez un élastique ou deux morceaux de ruban.

2. Chaque élève se présente, masqué, devant la classe. La classe demande : *Who are you ?* et l'enfant répond, par exemple : *I'm Julie's Grandma ! I'm 88 !* (en **prenant la voix** du personnage). Faites en sorte que **tous** les enfants se présentent à tour de rôle.

La technique du masque est un excellent moyen de faire s'exprimer les plus timides !

7 Comptine familiale / Family rhyme

❑ Mettre en scène une comptine

Les élèves peuvent aussi mettre en scène ce *Family rhyme* :

These are Grandmother's glasses,
This is Grandmother's hat ;
Grandmother claps her hands like this,
And folds them in her lap.
These are Grandfather's glasses,
This is Grandfather's hat ;
This is the way he folds his arms,
And has a little nap. Zzzzz !

(Extrait de *This Little Puffin*, © Puffin Books)

C'est ainsi que la fête de fin de trimestre, ou de fin d'année, de votre école s'enrichira des sketches, comptines, chansons et autres représentations en langue anglaise, que vous aurez mis au point avec vos élèves jour après jour, ou semaine après semaine.

8 L'arbre généalogique / The family tree

1. Si vous désirez faire travailler les enfants sur les liens de parenté, proposez-leur l'arbre généalogique... de la famille royale imaginaire de *King Peter*, ou d'une autre famille issue d'un conte, d'une histoire enfantine, d'un dessin animé, etc. Préparez l'arbre sur trois générations, en faisant figurer sur une feuille chaque membre de la famille par un petit rectangle blanc. Reliez les rectangles les uns aux autres, selon les liens de parenté que vous voulez représenter. Voici un exemple :

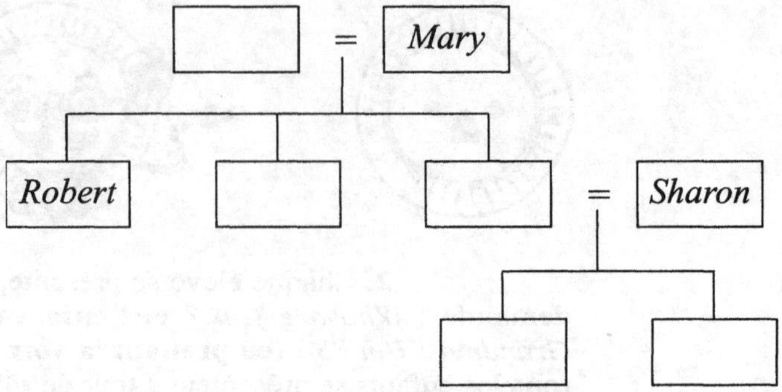

❑ Écouter et transférer des informations

2. Notez ici et là quelques noms qui serviront de repères : *Mary, Robert, Sharon*, etc. Mettez la liste des prénoms de tous les membres de la famille en désordre au tableau.

3. Présentez ensuite oralement cette "famille". Votre présentation pourrait commencer ainsi : *King Peter has a beautiful Queen. Her name is Mary. They have two sons, John and Robert, and a daughter, Fay. John marries Sharon...*

Les élèves, possédant chacun un exemplaire de votre schéma, notent au fur et à mesure dans les rectangles les prénoms qui leur semblent convenir aux liens de parenté que vous exposez. Vérifiez ensemble les résultats de cette "dictée généalogique".

❑ Expressions orale et écrite plus autonomes

4. L'intérêt de cette activité est de suggérer ensuite aux élèves d'inventer, à leur tour, un arbre généalogique et le schéma correspondant, et de dicter à leur partenaire un texte explicitant les liens figurés sur le schéma.

Pour conclure

▶ Développez le travail sur l'affectif, le non-verbal, le langage du corps.

▶ Pensez aux prolongements : conte ou histoire à inventer à partir des masques

▶ ... et faites fabriquer un jeu des sept familles, "Happy Families", en anglais.

6

1,2,3,4...
What time is it ?

L'apprentissage des nombres passe parfois par la récitation de suites de chiffres, d'un seul jet. Mais dans cette suite, les nombres perdent leur identité propre et sont souvent réduits à un "bruit" énigmatique et indistinct. Il sera plus judicieux d'introduire les nombres selon leur difficulté de prononciation, par groupes, ou en les isolant. Et, au lieu de faire simplement "compter sur ses doigts", on sollicitera l'engagement du corps tout entier.

Quant à l'apprentissage de l'heure, application immédiate de celle des nombres, son support sera non plus seulement le cadran de carton ou de plastique, dont on manipule les aiguilles en répétant inlassablement "What time is it ?", mais là encore, le corps de l'élève lui-même, comme vecteur de mémorisation.

*Dans cette séquence sur les nombres, l'introduction de **comptines** prendra tout son sens et approfondira un peu plus le travail sur le rythme prosodique.*

Les nombres de 0 à 20, ou un peu plus…

Fonctions de communication : compter jusqu'à 20, dire l'heure qu'il est, parler de ses activités.
Matériel : Post-it, une grande règle.
Types d'activités : travail sur la prononciation, sur la mémoire corporelle et kinesthésique, compréhension et expression orale, travail sur la prosodie (comptines et chansons), compréhension et expression écrite.
Durée : 8 activités de 15 minutes.
Vocabulaire et structures : nombres jusqu'à 20 et plus.
What time is it ? It's... (o'clock), It's half past..., (at) what time... ? at... (o' clock), a quarter, to / past, am / pm, spy.

1 Une présentation "en désordre"

❑ **Travail sur la prononciation**

1. Rompez avec les traditions ! Commencez par présenter la série *two, four, six,* en écrivant au tableau les chiffres correspondants.

Puis, un autre jour, la série *one, five, nine* ; puis plus tard *eight, seven, ten*. Et enfin *three*, qui comporte la difficulté de prononciation du [θ], suivi du [r].

2. L'introduction de *three* pourra donner lieu au jeu du "cheveu sur la langue" (*lisp*) : il s'agit de faire répéter, en rythme, quatre ou cinq mots commençant par *th* [θ], comme s'il s'agissait d'un petit texte scandé, d'un *chant : three, thirteen, thirty, thank you !*

Introduisez aussi des mots commençant par *th* [ð] : *this and that and they, there !*

Vous pourrez pratiquer ce "jeu" de temps en temps en rajoutant les mots nouvellement acquis : *third, thick, thin, thing, think, thousand, through, thunder* ... ou *them, then, their, theirs, these, those*... (Vous pouvez accoler les mots les uns aux autres et constituer des *tongue-twisters : Thirty thin thighs / Thousand thistles in thumbs / Throw thousand things together /* etc.)

2 Les points de contact / Places of contact

❑ **Le corps, vecteur d'apprentissage**

1. Debout sur un pied et deux doigts de la main droite en appui sur le sol (!), comptez à voix haute les "points de contact" de votre corps avec le sol : les deux doigts de la main, le pied... vous totalisez trois points de contact (*One, two, three...*).

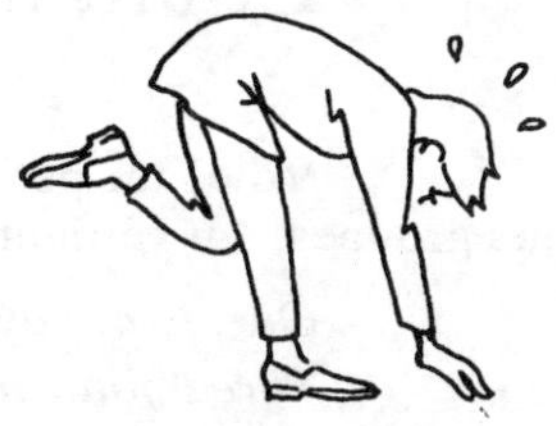

Passez en relais cette activité à un premier élève (*It's your turn !*), en lui demandant de compter au fur et à mesure ses "points de contact" avec le sol (ou avec le mur de la classe, si vous préférez). Assis par terre, avec les deux pieds, un coude et trois doigts fichés dans le sol, il pourra totaliser... sept points de contact. Faites passer plusieurs élèves.

2. Travail par paire : l'élève **A** "montre" un nombre par les points de contact de son corps avec le sol ou le mur, mais **ne les compte pas** à voix haute. C'est son partenaire qui doit deviner de combien de points il s'agit, et les compter pour vérifier son hypothèse. Si elle est juste, il gagne un point. Puis c'est au tour de l'élève **B** de "montrer" un nombre, etc.

3 La chaise vide / Number 3, come and sit by me

❑ **Compréhension de l'oral**

1. Après avoir choisi vous-même un nombre, l'avoir noté sur un Post-it et l'avoir collé, bien en vue, sur votre corsage/pull/veste, faites choisir par chaque élève tour à tour un nombre différent, de préférence. Notez-le au fur et à mesure sur un Post-it que chaque enfant colle sur son vêtement. Chacun est ainsi devenu "un numéro". Appelez quelques nombres pour en vérifier la compréhension : *Number 9, where are you ?* L'élève ainsi désigné devrait vous répondre : *Here (I am) !*

2. Les élèves sont assis en cercle. **Une chaise reste vide :** asseyez-vous de telle sorte qu'elle soit à votre droite. Tout en montrant la chaise vide, dites par exemple : *There is a free seat on my right. Number 14, come and sit by me !* L'élève n° 14 vous rejoint et s'assoit à votre droite, mais... laisse à son tour une chaise vide. Son voisin dit alors : *There is a free seat on my right. Number 11, come and sit by me !*, etc.

❑ **Adaptation**

Cette activité peut s'appliquer à tous les champs lexicaux : objets, nourriture, noms d'animaux, mois de l'année, couleurs, etc. Il suffit de remplacer le "numéro", d'utiliser des vignettes et des illustrations à la place des Post-it, et de dire, par exemple : *January, come and sit by me !*

4 Comptines et chansons / Counting rhymes and songs

❑ **Travail sur le rythme prosodique**

Voici un petit texte à faire répéter aux élèves, répartis en plusieurs groupes, en veillant à y introduire un rythme soutenu.

One, two, how are you, Sue ?
Three, four, how are you, Laure ?
Five, six, how are you, Felix ?
Seven, eight, how are you, Kate ?
Nine, ten, how are you, Ben ?
We're all fine !

(© C. Samson)

Il existe un grand nombre de *Counting Rhymes and Songs* traditionnels, tels que *Ten green bottles/ One, two, three, I love coffee/ One, two, Buckle my shoe/ One little, two little, three little Indians/ This old man, he played one/ One, two, three, four, five, Once I caught a fish alive*, etc. Ils se trouvent dans la plupart des manuels. Voici l'un d'entre eux :

I saw eight magpies in a tree,
Two for you and six for me :
One for sorrow, two for mirth,
Three for a wedding, four for a birth;
Five for England, six for France,
Seven for a fiddler, eight for a dance.

(Extrait de R. Barnes-Murphy, *One, Two, Buckle My Shoe, a book of Counting Rhymes.* © Picture Knight, Hodder and Stoughton)

WHAT TIME IS IT ?

1 La pendule animée / The animated clock

1. Faites repousser un peu les tables pour disposer d'un espace circulaire dans la classe. Inscrivez dans cet espace un cadran imaginaire, sur le sol. Placez-vous à un point de ce cadran et dites : *I'm 6 o'clock.*

❑ **Compréhension de l'oral**

Adressez-vous à un élève et dites-lui : ***You are 3 o'clock***, et faites lui comprendre d'un geste qu'il doit se placer sur le "cadran" à son tour. Puis adressez-vous à un autre : ***You are 9 o'clock.***

Certains élèves viendront spontanément se placer sur le "cadran" en disant : *And...* ***I'm 2 o'clock***, ou bien : ***I'm 11 o'clock***, sinon sollicitez-les, et faites en sorte que chaque heure soit représentée par un enfant, posté sur le "cadran". C'est un excellent exercice de visualisation dans l'espace et de latéralisation.

❑ **Travail sur la latéralisation**

2. Votre pendule ainsi "construite", quittez votre place (faites-vous remplacer par un autre élève), et prenez une règle dans la main droite, par exemple. Elle figurera, au bout de votre bras tendu, la grande aiguille de la pendule, l'autre bras étant la petite. Placez-vous au centre du cadran, écartez et tendez les bras et montrez une heure en disant, par exemple : *It's 4 o'clock !* (entraînez-vous un peu avant : pour vous aussi, c'est un travail de mise en situation dans l'espace !).

3. Passez l'activité... et la règle de la grande aiguille en relais : *It's your turn !* Demandez à un élève de montrer une heure, par exemple : *It's 7 o'clock !* Faites ainsi passer plusieurs élèves. Puis, passez votre rôle d'animateur en relais.

❑ **Expression orale**

4. Demandez ensuite aux élèves de "montrer" une heure de leur propre choix. Les autres auront à deviner de quelle heure il s'agit : *What time is it ? (What's the time ?).* Pour les élèves plus avancés, introduisez au fur et à mesure de la séance : *It's* ***half past...*** ou encore *It's ten* ***to*** *five, It's five* ***past*** *four,* ***(a) quarter to/past...***

2 Les espions / Spies

Vous êtes le chef de la célèbre organisation d'espionnage *FBY.* Vous envoyez vos agents très secrets en mission. Vous distribuez à chacun une carte du monde avec ses fuseaux horaires, ainsi que son lieu de mission : *Chicago, Paramaribo, Ulan Bator, Sydney,* etc. Les espions vous confirment

❑ Écouter et inférer

leur position, mais **en disant l'heure qu'il est dans la ville** et non le nom de la ville elle-même, pour brouiller les pistes !

Les agents gouvernementaux, à l'écoute, doivent deviner et **dire** le plus vite possible où les espions se trouvent, afin de rendre leur mission impossible et de démanteler le réseau.

Exemple : un espion-élève s'adresse au chef-enseignant à voix basse, en se présentant par son nom de code : *Obelix speaking ! It's half past two (pm)*. Le reste de la classe, les agents gouvernementaux, ou *Spy-catchers*, dressant l'oreille, dévoilent au plus vite son lieu de mission : *You are in Moscow !* (Ils ont repéré sa position grâce au fuseau horaire.)

Il pourrait s'agir d'une activité à présenter en continuation de la présentation des fuseaux horaires en géographie.

3 À quelle heure ? / What time ?

❑ Compréhension de l'écrit, travail sur la prosodie

Pour faire travailler la compréhension de l'écrit, puis la prosodie, faites relier par une flèche les morceaux des phrases d'une comptine qui riment ensemble, puis faites-la dire à haute voix (dans l'ordre). Voici un exemple :

*Where are you going to **wait***	*at one ?*
*Who is going to **arrive***	*at two ?*
*Where are you going to **dine***	*at three ?*
*Who is saying "I've **won**"*	*at four ?*
*Where are you going to **be***	*at five ?*
*Are you going to try **again***	*at six ?*
*Who is knocking at my **door***	*at seven ?*
*What are you going to **fix***	*at eight ?*
*Who is going to **heaven***	*at nine ?*
*What are you going to **do***	*at ten ?*

(© C. Samson)

4 L'heure du "rap" / Raptime

❑ Production écrite, travail sur le rythme prosodique

Faites compléter un texte par des mots, et demandez ensuite aux élèves de le dire en le scandant, comme du "rap".

Dans l'exemple ci-dessous, il s'agirait de compléter le texte par des mots* comme *sister, brother, mother, father, cat, dog, bird,* ou *hamster*.

I get up at ....o'clock.
*My *.........................gets up at..............................*
*My *.........................wakes up at ....*
*But my * ....sleeps 'till..............................!*

Pour conclure

▶ **Isolez certains chiffres pour en travailler la prononciation ! Ils seront les "gardiens" d'un son.**

▶ **"Animez" les nombres et les pendules: le travail corporel et la représentation ludique d'objets inanimés seront source de bonheur et gage d'une meilleure mémorisation.**

7

At school

La séquence sur l'école fournit bien sûr l'occasion de parler des particularités de l'école britannique : l'uniforme propre à l'école, porté avec beaucoup de fierté par la plupart des élèves ; les Assemblies *du matin où toute l'école se retrouve devant le* Head *pour écouter les dernières nouvelles sur la vie scolaire et sportive de l'établissement et/ou un petit discours d'encouragement… ou de réprimande ; le* lunch-box *garni de* crisps *et de* sandwiches *pour un repas rapide à la cantine ; les* duties *ou responsabilités exercées par chaque élève dans l'école : accueil des personnes extérieures à l'école, participation au conseil des élèves, aide pratique apportée aux enseignants à qui les élèves servent de coursier, de secrétaire, de porteur, de porte-parole…*

Chaque école a sa structure propre, ses traditions, ses fêtes et sa politique éducative. Si les programmes scolaires ont été standardisés avec l'introduction du National Curriculum, *il n'en reste pas moins, sur le terrain, des différences importantes dans les contenus.*

En tout cas, l'école est une institution vivante, qui reste chère au cœur des Britanniques. Il serait dommage de la présenter comme une curiosité un peu surannée.

AT SCHOOL

Fonction de communication : comprendre et donner des instructions, emprunter quelque chose, compter de 21 à 100 et plus, parler de l'école et des matières qu'on préfère.
Matériel : affaires scolaires (cartable, trousse), "baguette magique".
Types d'activités : jeu de Memory, jeu de Kim, instructions, interview et enquête, bingo, "tours de voyance extralucide".
Durée : 9 activités de 15 minutes et variantes.
Vocabulaire et structures : nombres de 21 à 100 et plus, *board, chair, exercise book, lunch box, pen, pencil, pencil case, pencil-sharpener, rubber, ruler, school bag, table, text book, point to, pick up, put down, favourite, subjet, Art, English, French, Geography, History, Maths, Physical Education, Science, Technology, I'd like, Can I have..., please ? Here you are ! Thanks ! I'm good at..., add, divide, multiply, take away.*

1 Le cartable magique / The magic school bag

❑ **Solliciter les mémoires auditive et visuelle**

1. Vos élèves ont exploré leur trousse et leur cartable (voir chapitre 2 : *Ready, steady, go !*) et y ont découvert des objets d'origine britannique ou américaine.

Explorez devant eux votre propre cartable (*What have I got in my school bag ?*), et nommez les objets que vous y trouvez, ou que vous y avez placés à dessein, par exemple : *I've got two books, a pencil case, a ruler and an exercise book.*

Posez ces objets bien en vue sur votre bureau ou sur une table, puis remettez-les dans votre cartable.

❑ **Expression orale**

2. Donnez à un élève la baguette magique, *the magic wand.* Tout bâton noir ou "pailleté" fera l'affaire. Et demandez-lui de "faire sortir" de votre cartable un objet grâce à la baguette magique, bien sûr, **mais surtout** en le renommant (*"pull" an object out of the bag and name it !*).

L'élève proposera, par exemple : *You've got two books*, et vous sortirez les deux livres de votre cartable. Puis passez la baguette à un autre élève, etc. Jusqu'à ce que les noms de tous les objets aient été retrouvés. Cette activité est en fait un jeu de Memory agrémenté d'un peu de "magie".

3. Proposez cette activité par paire. L'élève **A** sort de son cartable différents objets. L'élève **B** devra essayer de les faire ressortir du cartable en les nommant.

❑ **Variante**

4. Un prolongement ou une variante de cette activité est, toujours par paires, un travail sur les structures : *I'd like your ruler*, ou bien *Can I have your ruler, please ?*, suivi de la réponse du partenaire : *Here you are !*

2 Le jeu de Kim / Kim's game

❑ **Expression orale**

Pour le contenu de la trousse (*rubber, pen, pencils, sharpener,* etc.), introduisez le fameux *Kim's game*.

Placez les objets contenus dans votre trousse sur votre bureau ou sur une table, en les nommant, et en faisant répéter les mots. Puis demandez aux élèves : *Close your eyes !* Subtilisez alors un des objets. Dites ensuite : *Open your eyes ! What's missing ?* Continuez ainsi jusqu'à ce qu'il n'y ait plus d'objets sur la table (ou remettez les objets en jeu à chaque fois, si vous préférez).

❑ **Adaptation**

Ces deux activités, *the magic bag et Kim's game* peuvent s'adapter à tous les champs lexicaux.

On peut les pratiquer avec des objets, mais aussi avec des dessins, des *flashcards, wordcards,* des chiffres. Et pourquoi ne pas vous fabriquer un vrai sac magique, avec couleurs vives et paillettes ?

3 Jacques a dit / Simon says

❑ **Compréhension de l'oral**

Activité connue et appréciée, elle met en jeu la mémoire du corps et du geste. Elle ne nécessite pas de prise de parole des élèves et leur permet de se concentrer sur la compréhension auditive.

▶ Grâce à elle, bien des verbes peuvent être réactivés ou introduits, ainsi que toutes les structures du *classroom language*, et tout le vocabulaire concernant les parties du corps, le mobilier scolaire, les vêtements, etc.

1. Commencez par une activité appelée *Instructions* où les élèves ont à obéir à **toutes** les instructions : *Point to the book, pick up your pencil case, put it down, point to the table*, etc. Mettez ainsi les élèves en confiance.

2. Mais dans l'activité *Simon says...*, seuls les ordres commençant par cette petite phrase sont à exécuter.

Préparez votre liste d'instructions, car le rythme doit être rapide pour que l'activité reste ludique, et il ne faut pas que vous soyez pris de court au bout de quatre ou cinq ordres donnés. Faites mettre les élèves debout en cercle. Vous pouvez accompagner vos instructions des gestes correspondants... ou pas ! Mais n'éliminez pas les élèves qui se sont trompés, la frustration est trop grande !

❑ Adaptation et prolongements

Les ordres peuvent être très variés suivant le vocabulaire acquis ou à acquérir : *Point to the board. Open your school bag. Pick up your ruler.* etc. Vous introduirez plus tard, par exemple : *Raise your left hand. Cover your face. Wink twice. Open your mouth. Touch your ears. Touch your nose and your right shoulder. Touch your face, your hair and the board,* etc. La liste n'est guère limitative.

❑ L'enquête / Class survey : expression orale et transfert d'informations

Faites faire une enquête sur les matières préférées de la classe : *I'm good at..., My favourite subjects*, ou sur d'autres thèmes comme : *What time do you go to school ?*, ou plus épineux : *How many hours of TV do you watch ?* et *What time do you go to bed ?*

Voici deux exemples :

4 Mes matières préférées / My favourite subjects

Proposez un modèle de grille à vos élèves dans laquelle ils inscriront leur choix, par exemple :

My name :					
Maths		✓			
French			✓		
English	✓				

❑ Prolongement

La grille remplie peut être le point de départ d'une bataille navale ou *Battleship*, à proposer par paires, chaque partenaire devant trouver le contenu de la grille de l'autre.

5 L'heure d'aller au lit / When do you go to bed ?

Pour une enquête “collective”, faites figurer ou dessinez d'abord la grille au tableau. Posez la question à un premier élève dont vous avez noté le prénom et transférez sa réponse. Passez l'activité en relais : ce premier élève prendra à son tour la place de l'enquêteur et posera la question à un(e) autre camarade, etc.

❑ L'interview

Vous pouvez également distribuer la grille à chacun de vos élèves. Envoyez-les alors interviewer plusieurs camarades. Les résultats sont mis en commun d'abord par paires, puis par groupes.

Names	19:30	20:00	20:30	21:00	21:30	22:00	22:30	23:00	23:30
Nathan					✓				
Sara						✓			
Julien								✓	

❑ **Exploitation**

Ces résultats peuvent être l'objet d'une présentation orale et/ou écrite. Ils pourront, par exemple, figurer dans le journal de la classe ou de l'école, ou servir de point de départ à une leçon sur les pourcentages en mathématiques, être visualisés par des "camemberts" ou graphiques, etc.

Les nombres de 21 à 100 et plus

6 | Entoure un nombre / Circle a number

❑ **Compréhension de l'oral**

Préparation : dictez ou faites dicter des nombres à deux élèves qui les écrivent **lisiblement** chacun au tableau, sur deux "terrains" différents. Puis faites venir deux autres élèves, et munissez-les d'une craie ou d'un marqueur. Faites-les se placer devant leur "terrain". Dites les nombres inscrits au tableau. Les élèves doivent les entourer d'un cercle. Donnez un rythme rapide à cette activité et faites passer plusieurs groupes d'élèves.

7 | La course de relais / Relay race

L'activité consiste à faire entrer en compétition deux équipes, chacune debout en ligne devant son "terrain" et à faire passer la craie en relais de l'un à l'autre à chaque fois qu'un nombre est dicté. Au lieu de nombres, dictez aussi des **heures**, des **dates**, des **numéros de téléphone**, des **sommes d'argent**, etc.

8 | Bingo

Le jeu de bingo, facile à mettre en œuvre, a de multiples variantes. Voici l'une d'elles :

❑ **Réactivation des nombres**

1. Convenez d'une série de nombres à réactiver : par exemple les nombres entre 0 et 30. Faites tracer une grille de neuf cases et demandez aux élèves d'y inscrire leurs nombres "porte-bonheur".

2. Pendant ce temps, écrivez rapidement la liste des nombres de 0 à 30 sur une feuille. Puis, énoncez à voix haute et distincte des nombres les uns après les autres (répétez-les, éventuellement). Cochez-les à chaque fois sur votre liste, pour savoir exactement quels nombres vous avez dictés. S'ils correspondent à ceux choisis par les élèves dans leur grille, ils les rayent au fur et à mesure. Celui dont la grille est entièrement cochée crie *Bingo !*

Vérifiez, à l'aide de votre liste, s'il ne s'est pas trompé. Il sera alors déclaré *the World Bingo Champion of the day !*

9 Nombres secrets / Secret numbers

❑ **Des "tours de voyance extralucide"**

1. Distribuez à chaque élève une grille. Par exemple, la grille ci-dessous. Dites-leur de choisir un nombre entre 1 et 15 et de l'écrire dans un coin secret de leur cahier. Demandez dans quelle(s) colonne(s) le nombre secret apparaît. Les élèves répondront par exemple *A, B and C*, ou bien *A and C*, etc. **Vous êtes dès lors en mesure de dire à chacun quel est son nombre secret !** Vous additionnez simplement le premier chiffre des colonnes citées. Exemple : un élève vous dit *B, C and D*. Vous additionnez 2 (1er chiffre colonne B), 4 (1er chiffre colonne C) et 8 (1er chiffre colonne D) : son nombre secret est **14** ! Stupeur et succès garantis !

A	B	C	D
1	2	4	8
3	3	5	9
5	6	6	10
7	7	7	11
9	10	12	12
11	11	13	13
13	14	14	14
15	15	15	15

❑ **Compréhension de l'oral**

2. Demandez aux élèves de choisir un nombre secret, n'importe lequel, et de l'écrire dans leur cahier. Puis adressez aux élèves les consignes suivantes : *Multiply the number by 2. Add 10. Divide by 2. Take the secret number away.*

Vous êtes maintenant en mesure de dire à chacun le nombre résultant de toutes ces opérations ! *Now, your number is 5 !* (Il est, bien sûr, **toujours 5 !**)... Triomphe assuré !

(D'après Anita Debska, *Jet Magazine*, © MGP)

Pour conclure

▶ Ne monopolisez pas l'animation des activités. Passez-la en relais aux élèves.

▶ Faites faire des enquêtes : elles débouchent sur des études statistiques qui s'appuient sur la réalité "vraie" de vos élèves.

▶ Leurs résultats peuvent prendre la forme de pourcentages et de graphiques précieux pour le cours de maths !

8

What can I see and do in the U.K. ?

En apprenant une langue étrangère, l'enfant n'apprend pas seulement des mots, il découvre aussi une réalité différente de la sienne. Et la réalité britannique est une réalité surprenante ! Mais c'est un étonnement salutaire, car il introduit pour l'enfant une relecture distanciée du quotidien.

Le jeune élève comprend que sa réalité à lui n'est qu'un découpage possible du réel, une certaine façon de voir, d'agir et de vivre et qu'il y en a d'autres, tout aussi légitimes, tout aussi passionnantes.

L'apprentissage culturel est l'occasion d'une ouverture à l'autre. Mais, pour que cet apprentissage soit réussi et qu'il ne renforce pas les résistances et les stéréotypes, il devra ***impliquer*** *l'élève : la réalité britannique montrée et dite, l'enfant pourra en assurer lui-même la représentation, en "jouant à", en "faisant comme si".*

C'est ainsi que des activités de type visuel seront associées aux techniques de "représentation et de personnification" entrevues plus haut, qui sollicitent les mémoires affective et corporelle. S'identifier symboliquement à une ville, par exemple, la "représenter", c'est non seulement tenter un repérage des lieux, c'est aussi commencer à voir les choses "de l'intérieur". C'est peut-être commencer à les aimer ?

WHAT CAN I SEE AND DO IN THE U.K. ?

Fonctions de communication : dire où on est, et où on va, ce qu'on peut voir au Royaume-Uni, et ce qu'on peut y faire.

Matériel : carte du Royaume-Uni, *flash-* et *wordcards* à construire et/ou cartes postales.

Disposition : prévoir un espace de circulation.

Types d'activités : jeux de rôles, de Memory, devinettes, dominos, dialogues, chansons.

Durée : 5 activités de 15 minutes au moins et prolongements

Vocabulaire et structures : *United Kingdom, England, Northern Ireland, Scotland, Wales, North, South, West, East, match, I'm going to..., see, do, take, visit, bus (double-decker bus), cottage, flag, pillar box, pub, taxi (cab), telephone booth, underground (tube), Hallowe'en, bobbing for apples, pumpkin, Guy Fawkes Day, bonfire, Christmas, Father Christmas, Christmas Pudding, April Fools Day, May Day, maypole, etc.*

1 La carte animée / The animated map

❑ **Une introduction à la géographie et aux emblèmes nationaux**

L'objectif de cette activité est de faire découvrir les quatre *Countries* du Royaume-Uni, *United Kingdom : England, Scotland, Wales* et *Northern Ireland.*

Scotland

Wales

Ireland

England

Par ailleurs, vous présenterez un certain nombre de villes, leur situation géographique, ainsi que leurs emblèmes ou caractéristiques. Choisissez d'en présenter, par exemple, sept ou huit : *London, Cambridge, Stratford-upon-Avon* et *Liverpool* pour l'Angleterre, *Belfast* pour l'Irlande du Nord, *Cardiff* pour le Pays de Galles, et *Edinburgh* et *Glasgow* pour l'Écosse.

1. Accrochez au tableau une carte du Royaume-Uni. Les élèves assis en arc de cercle, délimitez devant eux un espace (assez vaste pour y faire tenir 12 élèves) qui sera celui de la carte du Royaume-Uni, **au sol**. Parcourez cet espace en indiquant bien : *Here is the North, here is the West, the South,* *the East*..., et en montrant les orientations correspondantes sur la carte, car les élèves vont devoir faire une sorte de transposition spatiale.

❑ Mise en commun des connaissances

2. Demandez aux élèves s'ils connaissent des villes ou des régions du Royaume-Uni. Si un élève vous propose "Londres", par exemple, demandez-lui de se mettre à la place de Londres sur la carte au sol, c'est-à-dire de "représenter" cette ville. Dites-lui alors : *You're London ! Hello London !* Faites de même avec les autres propositions des élèves. S'il y en a trop peu, proposez vous-même des noms de villes et demandez à chaque fois à un élève, en s'aidant de la carte, de venir "figurer" la ville et de se situer sur la carte imaginaire.

3. Demandez à quatre élèves de venir représenter les quatre régions et pays du Royaume-Uni, à peu près de la même manière. Faites en sorte que *Wales* serre la main de *Cardiff*, ou que *Scotland* serre celles de *Glasgow* et d'*Edinburgh* et leur adresse le bonjour : *Hello Glasgow ! Hello Edinburgh !* La situation géographique des villes, leur appartenance aux différents *countries*, seront ainsi jouées et **visualisées** par les enfants eux-mêmes.

❑ Visualisation dans l'espace

4. Montrez des *flashcards* représentant les emblèmes ou caractéristiques des régions et des villes et faites deviner aux élèves à quelles régions et villes elles peuvent se rapporter : *Which emblem matches with... ?* Au fur et à mesure des propositions, accrochez la *flashcard* au pull de l'élève avec une petite pince à dessin.

Belfast

Glasgow

Edinburgh

Liverpool

Cardiff

Stratford-upon-Avon

London

Cambridge

❑ Expression orale

5. Les "villes" portant chacune leur emblème, proposez un jeu de Memory. Demandez aux élèves qui sont restés "spectateurs" de fermer les yeux : *Close your eyes*. Faites rapidement échanger les emblèmes entre les villes. Puis demandez aux "spectateurs" de rouvrir les yeux : *Open your eyes !* et de remettre de l'ordre dans les emblèmes. *Where does ... belong ?*

2 | En route ! / Ready, go !

❑ **Écouter et suivre des instructions**

1. La situation et le nom des villes étant mémorisés, demandez aux élèves représentant les villes de quitter la "carte". Invitez l'autre partie de la classe au voyage, et à devenir des "touristes".

Demandez à un premier d'entre eux de venir sur la "carte", et, par exemple de partir de Glasgow pour aller à Cambridge. *You are a tourist. You are in Glasgow. Now, you're going to Cambridge. Ready, go !* Répétez cette activité avec un autre élève, puis passez-la en relais. Les "touristes" ont à respecter les instructions données par leurs camarades et à se déplacer en conséquence sur la "carte" (vous pouvez éventuellement rajouter des étapes : *You're going from London to Cardiff via Liverpool !*)

❑ **Prolongements**

2. Distribuez une carte du Royaume-Uni à chaque élève. Faites repérer les villes introduites dans les activités précédentes. Puis utilisez-la comme support pour un "jeu des voyages", *Travel game* ou une sorte de "jeu de l'oie", *Snakes and ladders*, ou encore une "chasse au trésor", *Treasure hunt*, avec des indices cachés dans chaque ville.

3 | J'ai repéré... / I spy with my little eye...

❑ **Introduction au paysage urbain et rural britannique**

Introduisez des éléments typiques du paysage urbain et rural de la Grande-Bretagne, et le drapeau britannique : *The Union Flag* (*Union Jack*), dans lequel on trouve la Croix de saint Georges représentant l'Angleterre, celle de saint André pour l'Écosse et celle de saint Patrick pour l'Irlande.

❑ **Introduction du vocabulaire**

1. Montrez des *flashcards* ou des cartes postales représentant ces éléments typiques : *taxi (cab), bus (double-decker bus), flag, telephone booth, underground (tube), pillar box, pub (-sign), cottage*, etc. Répétez deux ou trois fois le mot tout en fixant au tableau (avec une pastille adhésive) la carte correspondante, et en la numérotant. Ne faites pas répéter les mots. Ne les écrivez pas au tableau.

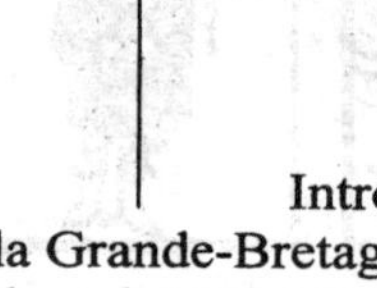
taxi (cab)

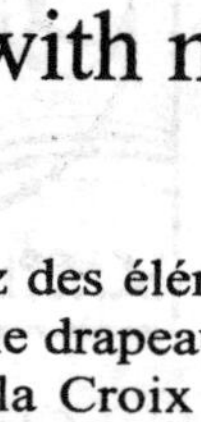
bus (double-decker)

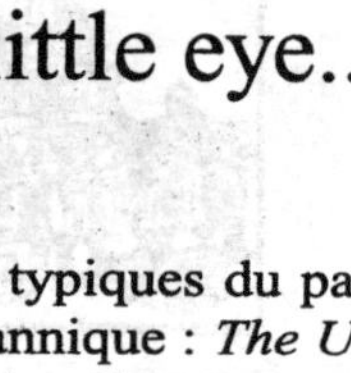
flag (Union Jack)

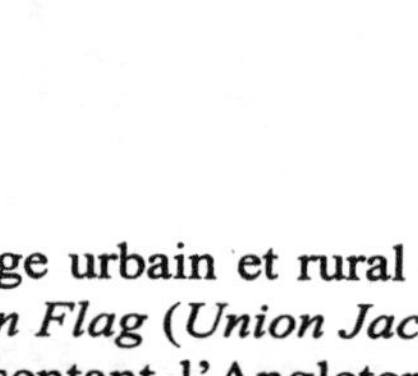
telephone booth

tube

pillar box

pub

cottage

❑ **Compréhension et expression orales**

2. Puis dites : *I spy with my little eye something beginning with... B.* Les élèves donnent alors le numéro correspondant au mot *bus.* Répétez l'activité trois ou quatre fois et **passez-la en relais** (soufflez aux élèves la formule !). Faites-en aussi un *pair work.*

❑ **Compréhension de l'écrit**

3. Écrivez les mots correspondants aux *flashcards* (ou collez des *wordcards*) en désordre au tableau. Demandez aux élèves de les associer aux bonnes illustrations.

❑ **Variante**

Vous pouvez aussi présenter *word-* et *flashcards* sous forme d'un jeu de dominos.

4 Le jeu de *Snip snap*

❑ **Pairwork**

Introduisez également le jeu de *Snip snap* ou *Word snap.* C'est une activité à proposer par paires : l'élève **A** dispose d'un tas de *wordcards,* l'élève **B** d'un tas de *flashcards.* Ensemble, ils retournent une carte. Si les deux cartes se correspondent, le premier à s'écrier *snap* les empoche.

5 Fêtes et traditions / Celebrations and traditions

1. Proposez, concernant la ville de Londres, la célèbre chanson *London's burning,* commémorant le grand incendie de 1666, chantée en canon :

London's burning, London's burning,
Fetch the engines, fetch the engines,
Fire ! Fire ! Fire ! Fire !
Pour on water, pour on water.

❑ **Enrichir les connaissances sur la civilisation**

2. Dans le domaine des fêtes, que nous n'avons pas la place d'évoquer ici en détail, vous pouvez présenter, entre autres, la tradition des *Christmas carols* et du *Christmas Pudding* pour Noël, faire fabriquer des *crackers...* et faire chanter cette version de *Father Christmas,* sur l'air de *Frère Jacques* :

Father Christmas, Father Christmas,
He got stuck, He got stuck,
Coming down the chimney, Coming down the chimney,
What bad luck, What bad luck !

(E. Matterson, in *This Little Puffin*, © Puffin Books)

3. *Pour Hallowe'en*, le 31 octobre, introduisez le jeu traditionnel de *Bobbing for apples*, où il s'agit d'attraper une pomme flottant dans l'eau d'une cuvette, les mains dans le dos, juste avec les dents. Et proposez ce petit chant à mimer :

Pumpkin, pumpkin,
Round and fat, (écarter les bras, pour évoquer une citrouille bien grosse)
Turn into a Jack-O-Lantern, (tourner une fois sur soi-même)
Just, (frapper une fois dans ses mains)
Like, (frapper une fois dans ses mains)
That ! (frapper deux fois)

4. Le *Guy Fawkes Day*, son *bonfire* et ses feux d'artifice (Guy Fawkes avait tenté le 5 novembre 1605 de faire sauter le parlement anglais...), le *April Fools Day* du 1er avril, *le May Day* du 1er mai et sa danse autour du *maypole*, un mât tout enrubanné..., toutes ces traditions et bien d'autres encore peuvent être l'occasion non seulement d'explications, mais aussi de jeux et d'activités diverses.

❑ Un élargissement des perceptions et des expériences

5. D'autres traditions ou traits caractéristiques de la vie quotidienne en Grande-Bretagne sont évoqués dans différents chapitres (les salutations, *the school uniform, eggs and bacon for breakfast, the Birthday Cake*, etc). Tous ces traits, ainsi que le *cricket*, les "châteaux hantés", ou la conduite à gauche, sont porteurs de multiples situations d'apprentissage et de découverte. Ils ne seront jamais perçus comme des clichés si vous les faites vivre activement "de l'intérieur". Ils élargiront, au contraire, le champ de perceptions et d'expériences de l'enfant et lui feront prendre conscience de la validité d'autres façons de vivre (et de rêver) la réalité...

Pour conclure

- **Élargissez le travail de représentation ludique et de "personnification".**
- **Introduisez des activités en *pairwork* pour plus d'interaction.**
- **Considérez la dimension interculturelle de l'apprentissage.**

9

Food and drink

Le thème de la nourriture est un thème "en or" pour les Français en général, et les jeunes élèves français en particulier. Il suscite un vif intérêt, et la comparaison entre la cuisine française et les cuisines étrangères est l'objet de prises de position passionnées.

La cuisine anglaise, ou britannique, n'a pas très bonne réputation. Mais les "hamburgers", les "hot dogs", les "chips" (frites), les "crisps" (chips), les "ice-creams" et le "Coca Cola", qui constituent la base de l'alimentation des enfants britanniques, sont en train de devenir la base favorite de l'alimentation des enfants français. Évolution funeste ou pas, c'est ainsi.

Et puis, il y a ***quand même*** *(!) des spécialités qui méritent le détour : tous les "pies", les "scones" tièdes nappés de crème et de confiture ou les petits sandwiches du "tea-time", les "eggs and bacon" du petit déjeuner, le "roast beef and Yorkshire pudding" du dimanche, la "mint sauce", le "Irish stew", le "short bread" écossais, le "fudge", les "pickles", etc. Voilà de bonnes raisons d'accepter "l'altérité" !*

La nourriture, c'est aussi un thème d'apprentissage qui pourra s'effectuer par d'autres canaux que les canaux d'information habituels. Grâce aux associations olfactives ou gustatives, l'élève gardera, en même temps que celle des mots, la mémoire de ses sensations. Il aura aussi le plaisir d'avoir découvert ou redécouvert ses propres goûts et ses facultés d'identification sensorielle.

FOOD AND DRINK

Fonction de communication : identifier, poser des questions, dire ce qu'on aime et ce qu'on n'aime pas, exprimer sa préférence.

Matériel : sept ou huit boîtes à pellicules photo vides dont vous avez perforé le couvercle de cinq ou six trous avec un clou ou un emporte-pièce, étiquettes, morceaux de fruits ou petites quantités de boissons, aliments de dînette, flashcards, marionnette(s), écran télé.

Types d'activités : devinettes, associer images et mots, écriture créative (*creative writing*), sketches, enquête, recette de cuisine, jeu de rôles, chansons et comptines.

Durée : 7 activités de 15 minutes et prolongements.

Vocabulaire et structures : *It smells / tastes good, bad, nice, lovely, nasty, it tastes like / of..., il smells of..., do you like... ? I like, I don't like, I love, I hate*, fruits : *apple, banana, grapes, lemon, orange, peach, pear, strawberry*, boissons : *coffee, coke, juice, milk, tea, water,* plats : *eggs and bacon, beans on toast, fish and chips, cheese and biscuits, bread and jam*, etc.

1 Le test des odeurs / Testing smells

1. Disposez sur votre bureau sept ou huit petites boîtes à pellicules photo vides au couvercle perforé de trous, dans lesquelles vous aurez placé un morceau de fruit : (selon les saisons...) *apple, pear, grapes, lemon, banana, orange, peach, strawberry,* etc., et que vous avez numérotées. Dites aux élèves qu'ils vont tester des odeurs de fruits et essayer de les reconnaître. Ils auront d'abord à préciser s'ils trouvent l'odeur agréable ou non.

❑ Solliciter l'odorat et la mémoire olfactive

2. Faites venir un premier élève au "laboratoire des odeurs" (à votre bureau). Tendez-lui une boîte et faites-lui sentir le fruit "secret" : *Does it smell good ?* Suscitez, après le sourire ou la grimace, un *lovely !* ou au contraire *nasty !*

Faites passer plusieurs élèves. Présentez à chacun une boîte différente. Faites peu à peu dire : *It smells good / nasty.*

3. Distribuez ensuite une grille à tous les élèves en leur demandant de noter le numéro de la boîte sous l'image correspondant au fruit qu'ils auront identifié par son odeur. Passez les boîtes. Chaque élève note les numéros au fur et à mesure dans la grille.

1	4	7	3	8	2	6	5

4. Vérifiez ensuite les résultats du test avec les élèves : *Number 1 is an apple, number 2 is an orange*, etc. (ou bien : *Number 1 smells of apple*). Pour chaque mot introduit, montrez une *flashcard*, ou le fruit lui-même, ou encore un fruit en plastique de dînette. Comptabilisez les résultats du test, si vous le souhaitez.

❑ Expression orale

5. Enlevez les étiquettes des boîtes, et faites-les repasser, en demandant cette fois-ci aux élèves de **dire** de quoi il s'agit.

❑ Compréhension de l'écrit

6. Pour un travail de compréhension ou de reconnaissance de l'écrit, faites associer l'image au mot correspondant, au tableau pour un travail de tout le groupe, ou sur une fiche, pour un travail individuel ou par paire.

2 Test des goûts / Testing tastes

❑ Solliciter le goût et la mémoire gustative

Vous pouvez remplacer ou compléter les activités et structures mises en œuvre à partir de l'**odorat** par des activités à partir du **goût**. Ainsi, faites goûter de petites quantités de nourriture aux élèves, les yeux bandés, afin de faire travailler les structures : *Does it taste nice ? / nasty ? It tastes of lemon,* etc.

3 L'odeur que je préfère / The smell I love

❑ Pairwork

1. Distribuez une boîte à pellicule photo par binôme. Demandez à l'élève **A** de dessiner sur un petit carré de papier le fruit dont il apprécie le plus (ou le moins) l'odeur et de le mettre dans la boîte. L'élève **B** doit deviner de quoi il s'agit. S'il a correctement deviné, par chance, par intuition, ou parce qu'il a véritablement "senti" le fruit (!), il gagne un point. À son tour, il dessine un fruit sur un papier qu'il place dans la boîte, etc.

❑ Expression écrite

2. Faites écrire aux élèves dans leur cahier le nom du/des fruit(s) ou des autres aliments dont ils aiment le plus l'odeur (ou le goût). Et celui qu'ils aiment le moins : *I love the smell of apple, I hate the smell of banana*, ou bien *I hate the taste of orange.*

3. Si vous le souhaitez, faites créer à chacun un "poème" sur ses odeurs préférées, en quatre vers (libres). Par exemple :

I love the smell of cats ;
I love the smell of breakfast ;
I love the smell of rain ;
I love the smell of lemons.

Faites illustrer les poèmes et affichez-les dans la classe.

❑ Prolongement

4. Le prolongement de ces activités peut être la réalisation d'une enquête sur les goûts olfactifs ou gustatifs de la classe. Chaque enfant y note les goûts de son partenaire ou de plusieurs élèves.

Noé	☺	✓			✓		✓	✓	✓
	☹		✓	✓		✓			
Mervette	☺	✓	✓			✓	✓		
	☹			✓	✓			✓	
Camille	☺	✓	✓		✓	✓		✓	✓
	☹			✓			✓		

Faites rédiger aux élèves le résultat de leur enquête, par exemple : *Noé, Mervette and Camille like apples*, etc.

4 L'interview / The interview

1. Présentez le nom de quelques boissons avec des *flashcards* : *coke, water, milk, juice, tea, coffee*, etc. Certains mots sont transparents et faciles à acquérir (ou déjà connus). Faites-les répéter, soit en désignant simplement les illustrations, soit en mettant en œuvre une activité du type jeu de Kim ou jeu de Memory.

❑ Mise en situation : utilisation de l'écran de télévision et de la marionnette

2. Disposez sur votre bureau les *flashcards* comme aide-mémoire derrière votre écran-télé (voir description et fabrication p. 11). Mettez deux chaises derrière votre bureau. Prenez votre "marionnette fétiche", présentateur vedette de votre "chaîne de télévision", et repérez dans la salle "Madonna", "Harry Potter" ou "Mary Poppins". Exclamez-vous, par la voix de votre marionnette, en désignant un élève : *Oh, here is Madonna ! Hello, Madonna !*, et conviez la star à venir rejoindre le "studio" et s'asseoir derrière l'écran de télévision. Commencez l'interview :

Marionnette : *Hello, Madonna, how are you ?*
Élève : *I'm fine, thank you !*
M. : *Madonna, what do you like ?*
É. (regardant les *flashcards*) : *I like milk and tomato juice !*
M. (reprenant pour le public les goûts de "son invitée") : *Ladies and Gentlemen, Madonna likes milk and tomato juice !* (se retournant vers la "star") : *Thank you, Madonna, Goodbye* !

3. Puis passez en relais la marionnette à l'élève (*It's your turn !*). À son tour, il choisit dans le public une star de l'actualité ou du spectacle, ou bien un personnage historique ou imaginaire, et procède à l'interview. Tous les élèves

de la classe participent ainsi à un petit sketch, basé sur les mêmes structures, mais sans cesse renouvelé dans son intérêt.

Veillez à faire introduire des questions sur ce que la vedette de l'actualité aime vraiment (*loves*) et sur ce qu'elle déteste (*hates*).

▶ Des élèves facétieux pourront créer des situations comiques : le "présentateur" se trompe de nom pour adresser la parole à la star, ou rend compte de ses goûts tellement de travers qu'elle finit par partir furieuse du studio, etc.

❑ Prolongements

▶ Élargissez, bien sûr, le vocabulaire de la boisson à celui de la nourriture, et répétez plus tard cette activité en l'appliquant **à tout champ lexical où des goûts et préférences peuvent être exprimés** : couleurs, sports, animaux, saisons, activités, etc.

5 La recette / The recipe

D'une simple salade de fruits, à la recette des *Apricot Cream Cakes*, réalisez, si cela est possible, une recette de cuisine avec vos élèves ! Mais faites-la d'abord "vivre" et jouer.

❑ Un jeu de rôles

1. Les élèves assis en cercle, dites ce dont vous avez besoin pour la recette, en vous servant de *flashcards*, par exemple : *I need butter*. Désignez un élève : *Oh, here you are, butter ! Hello !* et donnez-lui la *flashcard* illustrant le mot. Puis continuez à désigner tous les ingrédients, en en confiant le "rôle" aux enfants.

❑ Vérification de la compréhension de l'oral

2. Pour vérifier la compréhension des mots, introduisez l'activité *Change seats* : dans cette activité, le meneur de jeu demande à ceux qu'il désigne de changer de place, ici par exemple, *One tablespoon thick cream and butter change seats !* Mais il y a une chaise de moins que de participants, ce qui introduit une petite compétition dans le groupe.

3. Présentez ensuite la recette, comme vous raconteriez une histoire, en utilisant les élèves-ingrédients (!), qui pourront en mimer certaines phases.

❑ Compréhension de l'écrit

4. Introduisez des activités de compréhension de l'écrit : association *wordcards* et *flashcards*, remise en ordre des phrases décrivant la recette, etc.

❑ Expression écrite

5. Faites ensuite rédiger la liste des ingrédients par les élèves en leur laissant éventuellement l'aide visuelle des *wordcards* au tableau. Cette liste introduira la recette elle-même, remise dans le bon ordre et (éventuellement) recopiée.

6. Enfin, n'oubliez pas de passer à la réalisation pratique de la recette !

6 Chansons à boire... et à manger / Food songs

❑ Travail sur la gestuelle et le rythme prosodique

1. Proposez aux élèves de chanter et de mimer la chanson suivante, sur l'air de *Hot Cross Buns.*

Eggs and bacon, eggs and bacon,
I like it. (Se désigner du doigt).
Do you like it ? (Désigner son partenaire).
We both like eggs and bacon ! (Hocher la tête).
Beans on toast, beans on toast, etc.
Fish and chips, fish and chips, etc.
Cheese and biscuits, cheese and biscuits, etc.
Bread and jam, bread and jam, etc.

2. Introduisez cette version particulière de *Old MacDonald :*

Old MacDonald had a shop, E-I-E-I-0
And in that shop he had some burgers, E-I-E-I-0
With a Big Mac here, And a Hot-Dog there,
Here a Coke, there a Coke, Everywhere a Coke, Coke,
Old MacDonald had a shop, E-I-E-I-0 !

(© Puffin Books)

7 Comptine / Food rhyme

❑ Adaptation à la scène

Voici une comptine très célèbre et appréciée des enfants. Avec les chansons précédentes, elle mérite, elle aussi, une adaptation à la scène (pour votre fête de fin d'année...).

Ten fat sausages sizzling in the pan, (Montrer ses dix doigts).
One went POP ! and another went BANG ! (Claquer des doigts pour la première et frapper dans les mains pour la seconde).
Eight fat sausages, etc.

Pour conclure

▶ **Le domaine de l'odorat et des goûts olfactifs est riche et souvent peu exploré.**

▶ **Proposez la rédaction de poèmes en vers libres à partir d'une structure très simple.**

▶ **La recette de cuisine est le lieu idéal de la mémoire des sens : voir, toucher, sentir, goûter...**

10

What's the weather like ?

*On peut écrire et dessiner sur toutes sortes de supports... et aussi dans le dos de son voisin. Mais, sachez-le, à la surprise et aux petits rires nerveux du début succèdent rapidement calme, silence et concentration : les signes tracés, dessinés ou "imprimés" dans le dos sont autant de **messages** à déchiffrer par le corps, attentif et tranquille. Et ils sont autant de petits **massages** dorsaux, apaisants et relaxants.*

Faire passer des messages dans le dos de son voisin est, d'ailleurs, un procédé issu des techniques de relaxation. Mais aussi, bien sûr, de la tradition des "Tickly Rhymes", ces comptines accompagnées de "chatouilles" au creux de la main ou sous le menton des tout-petits.

Ces "Rhymes" sont des moments de bien-être, de chaleur et de complicité, mais aussi des moments intenses d'apprentissage : car c'est dans la détente et le bonheur qu'on apprend le mieux !

WHAT'S THE WEATHER LIKE ?

Fonctions de communication : parler du temps qu'il fait, demander quel temps il fera demain.

Matériel : *flashcards* et *wordcards* à construire, écran télé, attaches parisiennes, carton.

Disposition : en cercle, puis en groupes.

Types d'activités : travail sur la mémoire du corps et du geste, jeu de rôles, dictée de groupe, sketch, fabrication d'un baromètre de carton, chanson.

Durée : 6 activités de 15 minutes environ et prolongements possibles.

Vocabulaire et structures : *It's grey and overcast, it's raining, it's windy, it's snowing, it's sunny / the sun is shining, there's thunder, there's lightning, it's raining harder and harder, there's a tornado.*

1 La météo / The weather report

❑ **Solliciter la mémoire corporelle**

1. Faites mettre les élèves debout, en cercle : *Please, get in a circle. Now, turn to the right. You're going to draw on the person's back in front of you !* Puis dessinez un premier "bulletin météo" sur le dos de l'élève devant vous, en disant à haute voix : *It's grey and overcast.*

Ne faites pas répéter la phrase, mais faites simplement et rapidement passer la gestuelle correspondante, en répétant plusieurs fois la structure, de telle sorte que chaque élève transmette "ce qu'il sent" dans son dos. Puis passez à un autre "bulletin", jusqu'à ce que vous ayez présenté toutes les expressions souhaitées, associées chacune à une gestuelle particulière :

It's grey and overcast : frotter doucement le dos, du plat de la main ; *it's raining* : tapoter le dos du bout des doigts ; *it's windy* : frotter largement le dos des deux paumes ; *it's snowing* : tapoter le dos presque imperceptiblement du bout des doigts ; *it's sunny / The sun is shining* : dessiner rapidement dans le dos de grands "rayons de soleil" des deux mains.

❑ **Expression orale**

2. Reprenez une autre fois, en désordre. Puis mettez les illustrations représentant différents "bulletins météo" (*flashcards* illustrant un ciel nuageux, la pluie, le vent, la neige, etc.) au tableau. Renommez-les au fur et à mesure. Maintenant, en vous plaçant derrière un autre élève, les enfants tournés vers le centre, faites deviner et **dire** le bulletin météo que vous êtes en train de dessiner dans le dos de l'élève. Après l'avoir montrée sur deux ou trois élèves, passez l'activité en relais. *It's your turn !*

❑ **Compréhension de l'écrit**

3. Placez au tableau les *wordcards* correspondant aux illustrations, mais en désordre. Demandez aux élèves de les faire se correspondre.

2 Dictée de groupe / Team dictation

1. Partagez la classe en quatre ou cinq groupes de cinq élèves. Faites placer les groupes en ligne devant le tableau. Donnez à l'élève n° 1 de chaque groupe de quoi écrire.

❑ **Expression écrite**

2. Dites au dernier élève de chaque groupe qu'il est le *Weather forecaster* et demandez-lui de dessiner dans le dos de son partenaire, qui est devant lui, un bulletin météo, au choix. Chaque élève du groupe doit ainsi transmettre le bulletin jusqu'au premier qui l'écrit rapidement en toutes lettres au tableau. Dès qu'il a rédigé son bulletin, l'élève prend la place, en fin de ligne, du *Weather forecaster* et transmet à son tour un autre bulletin, etc. Le groupe vainqueur est celui qui a transmis correctement et le plus vite possible tous les bulletins.

❑ **Variante**

Au lieu **d'écrire** au tableau les bulletins en toutes lettres, les élèves les **disent**, comme à la radio ou à la télé.

3 La dictée chuchotée / Whispers relay

❑ **La dictée réhabilitée**

Les élèves, répartis de la même manière, transmettent le bulletin météo, non pas en le dessinant sur le dos de leur partenaire, mais en le lui **chuchotant** à l'oreille.

► **C'est d'ailleurs un excellent procédé pour faire transmettre tout message** que vous pouvez ainsi faire lire sur un papier au dernier élève de chaque groupe, qui devra le transmettre en le chuchotant à l'oreille de son partenaire, etc. Voilà la dictée ainsi réhabilitée !

4 Le baromètre / The weather clock

❑ **Fabrication d'un "baromètre" et travail par paires**

1. Demandez aux élèves de dessiner un carré de 15 cm de côté environ, puis de tracer médianes et/ou diagonales pour obtenir quatre ou huit cases. Faites dessiner quatre ou huit symboles du temps qu'il fait (nuages, pluie, neige, éclairs, etc.), selon les structures acquises.

Faites ensuite découper une aiguille dans du carton fort. La faire fixer grâce à une attache parisienne. Chaque élève dispose ainsi de son baromètre. Par paire : l'élève **A** indique le temps qu'il fait sur son baromètre. L'élève **B** écrit dans son cahier la structure correspondante.

❑ **Expression écrite**

2. Chaque élève indique sur son baromètre, à l'aide de l'aiguille, le temps qu'il préfère (ou le temps qu'il fera demain...), et note la structure correspondante sur une étiquette qu'il place en dessous. Baromètres et étiquettes sont accrochés aux murs de la classe.

❑ Prolongement

À la suite ou en complément des structures vues plus haut, introduisez d'autres structures, en reprenant les mêmes activités :

• *There's lightning* : zébrer le dos d'éclairs du bout du doigt ; *There's thunder* : taper du poing de petits coups dans le dos ; *There's a tornado* : tracer une "vrille" dans le dos.

5 À la télé / On television

❑ Expression orale plus autonome

Introduisez, éventuellement avec une marionnette, la scène suivante, assis(e) derrière votre "écran de télévision" : *Good evening, ladies and gentlemen ! It's raining today. But... the sun is (will be) shining tomorrow ! Good bye. We'll see you tomorrow !* Passez l'activité (et la marionnette...) en relais : chaque élève choisira de donner sa propre version du temps qu'il fait aujourd'hui... et qu'il fera demain !

6 Chantons sous la pluie / Weather song

❑ Travail sur la mémoire auditive et le rythme prosodique

Voici une chanson à chanter sur l'air de *Frère Jacques*. Faites-la chanter en canon.

I hear thunder, I hear thunder ;
Hark, don't you, Hark, don't you ?
Pitter-patter raindrops, Pitter-patter raindrops,
I'm wet through, So are you !

(© Puffin Books)

Mais demandez aussi aux élèves de faire entendre le roulement du tonnerre et le crépitement de la pluie. Pour imiter le bruit de la pluie, distribuez à chaque élève deux cailloux et demandez-lui de les frapper doucement l'un contre l'autre... Le bruit de dizaines de cailloux qui s'entrechoquent suggère à merveille la pluie qui tombe à fines gouttes ! Quant au tonnerre, on peut en simuler le bruit en agitant deux grandes feuilles de papier (format A3).

Pour conclure

▶ Proposez aux élèves de tenir un journal de bord du temps qu'il fait, a "weather diary", pendant une quinzaine de jours. Ce journal pourra déboucher sur des études statistiques.

▶ Élargissez la technique des mots et messages "dessinés" dans le dos, à d'autres champs lexicaux : symbolisez des animaux par leur manière de se déplacer, ou "peignez" des paysages.

▶ Dessinez également le contour d'objets ; représentez couleurs et saisons par des signes ou "figures" particuliers... Introduisez aussi de cette manière comptines et poèmes.

11

What colour is it ?

"Les couleurs de l'arc-en-ciel" : une métaphore qui suggère l'harmonie dans la diversité, et propose ainsi une image du bonheur et de l'espoir. Être dans l'arc-en-ciel, le représenter dans l'espace, c'est participer à cette harmonie.

Et c'est aussi découvrir, ou redécouvrir, le prisme des couleurs, d'une manière presque tangible : "I'm orange and I'm standing between yellow and red."

C'est aussi les associer, par exemple, à une saison, un jour de la semaine ou un mois de l'année. "March is pink, April is green..." Ce travail d'association préparera un travail d'écriture poétique, modeste, mais gratifiant.

Poèmes, et puis aussi dictées de couleurs et d'images, c'est tout un arc-en-ciel qui décorera votre classe !

WHAT COLOUR IS IT ?

Fonctions de communication : nommer la couleur d'un objet, d'un vêtement, d'une saison, d'une journée, indiquer la couleur qu'on préfère ou celle(s) qu'on n'aime pas.

Matériel : cartes de couleur, feutres de couleur, petits carrés de papier, dessins en noir et blanc de personnages, paysages, etc.

Types d'activités : jeu de Memory, jeu du vrai et du faux, "télépathie", dictée d'images, dessin, production écrite, *creative writing*.

Durée : 3 activités de 30 à 45 minutes, 5 de 15 minutes et prolongements.

Vocabulaire et structures : *What colour is it ? What colour do you prefer ? (What is your favourite colour ?), black, white, red, blue, yellow, green, brown, grey, pink, orange, purple, indigo, dark / light, rainbow, colour in,* saisons, jours de la semaine, mois de l'année.

1 Les couleurs / Colours

❑ Compréhension de l'oral

Montrez d'abord sept cartes de couleur et nommez-les : *blue, red, yellow, dark blue (indigo), purple, orange, green*. Mettez-les au tableau à l'aide de pastilles adhésives et renommez-les à chaque fois : *That's red, that's yellow*, etc. Ne faites pas répéter les mots, mais faites-les entendre plusieurs fois. Ne les donnez surtout pas dans l'ordre des couleurs de l'arc-en-ciel. Faites venir deux ou trois élèves au tableau et demandez-leur de désigner la couleur, lorsque vous la nommez. Faites passer plusieurs groupes d'élèves.

❑ Variante

Numérotez chacune des couleurs au tableau. Nommez-les dans n'importe quel ordre. Les élèves inscrivent dans leur cahier (de brouillon) les numéros des couleurs dans l'ordre où vous les avez nommées. Faites plusieurs tours.

2 Vrai - Faux / True - False

Annoncez un numéro suivi d'une couleur. Les élèves se lèvent si l'association est bonne (d'après les numéros indiqués au tableau) ; ils restent assis, si elle est mauvaise. Introduisez un rythme assez soutenu à cette activité, et un peu de suspense !

❑ Variante

Au lieu de faire lever les élèves, faites-leur écrire au fur et à mesure dans leur cahier (de brouillon) : *Yes (Y)*, si l'association est correcte, *No (N)*, si elle est fausse.

▶ Toutes ces activités et variantes constituent des **techniques de bases pour l'entraînement à la compréhension auditive.** Utilisez-les dans d'autres circonstances.

3 L'arc-en-ciel / The rainbow

❑ Expression orale

1. Dites aux élèves qu'ils forment à eux tous un arc-en-ciel : *You are a rainbow !* Un arc-en-ciel qui parle, *a speaking rainbow.*

Faites répéter maintenant en chœur le nom des couleurs par tous, en les désignant au tableau. Faites plusieurs tours, mais **enlevez** petit à petit les cartes tout en laissant les numéros correspondants. À la fin, lorsqu'il n'y a plus aucune carte, les élèves donnent la série des couleurs uniquement de mémoire ! Vous pouvez changer l'ordre de la série et reprendre ainsi l'activité plusieurs fois.

❑ Compréhension de l'écrit

2. Faites tirer à chaque enfant un petit papier sur lequel vous avez **écrit** le nom d'une couleur. (Si votre groupe comprend 24 élèves, 7 groupes de 3 ou 4 élèves se formeront ainsi.)

3. Demandez alors aux élèves de se placer en demi-cercle, non seulement par groupe de couleurs, mais aussi selon la distribution des couleurs de l'arc-en-ciel. (Un bon moyen pour vos élèves de (re)découvrir le prisme et de réfléchir à la logique de sa distribution : violet, indigo, bleu, vert, jaune, orange, rouge.)

❑ Travail sur la prosodie

4. Puis, les élèves s'étant mis d'accord sur leur position respective, faites-leur **scander** ce petit texte :

(tous) ***We are the rainbow, we are the colours.*** (1er groupe d'élèves) ***We are violet,*** (2e groupe) ***We are dark blue*** *(indigo)*, (3e groupe) ***We are blue***, etc. (tous) *And we **all appear** with the **sun** !*

4 Télépathie / Telepathy

1. Tracez une grille en y incluant les cartes de couleurs accrochées au tableau. Après avoir brièvement rappelé ce qu'est la télépathie (on envoie des messages à quelqu'un sans se servir de paroles ou de gestes, simplement par la pensée...), dites aux élèves que vous allez leur faire connaître, par télépathie, quelle est votre couleur préférée. Vous l'écrivez d'abord sur un petit morceau de papier que vous cachez sous un livre.

❑ Expression orale : l'émission d'hypothèses

2. Adressez un regard rapide, mais intense à chacun. Écrivez votre nom sur la première case de la grille et demandez ensuite à chacun de vous dire le nom de la couleur que vous lui avez "transmis" par la pensée. Inscrivez à chaque fois un petit bâton dans la case correspondante. Puis dévoilez votre choix réel. Si vous avez réussi à le transmettre à un maximum d'élèves, vous êtes un(e) bon(ne) télépathe, sinon... Puis passez l'activité en relais à d'autres "télépathes". Les scores obtenus par chacun déterminent qui, aujourd'hui, était le meilleur !

❑ Réactiver du vocabulaire

Les élèves vous demanderont de réintroduire plus tard cette activité avec d'autres structures : la matière scolaire, l'animal, le jour de la semaine, les passe-temps préférés, etc. C'est une activité idéale pour **réactiver un champ lexical** préalablement déterminé et assez réduit (dix mots).

5 | Dictée de couleurs / Colour dictation

❑ Compréhension et expression orales

1. Donnez à chacun un portrait, le dessin d'une maison ou d'un paysage, en noir et blanc, comportant des surfaces numérotées. Indiquez simplement le numéro des "surfaces" du dessin à colorier : *Number 1 is yellow, Number 2 is green*, etc. Peu à peu, les élèves, sous votre dictée, colorient leur dessin.

2. Puis faites dessiner à leur tour aux enfants un portrait, un personnage, une maison, ou un paysage **de leur choix.** Demandez-leur de numéroter les surfaces qui seront ensuite coloriées, selon le modèle que vous avez proposé. Puis, par paires, les élèves échangent leur dessin et le font colorier par leur partenaire, en dictant les couleurs qu'ils avaient imaginées pour chaque surface.

6 | Jours et saisons / Days and seasons

❑ Création de textes

1. Introduisez d'autres couleurs ainsi que les jours de la semaine et les saisons de l'année. Demandez aux élèves de les caractériser par une couleur, par exemple : *Monday is grey, Tuesday is blue*, etc. ; *Summer is brown, Spring is pink*, etc.

2. Pour approfondir encore un peu le travail sur la création poétique, proposez aux élèves de rédiger un poème, d'après, par exemple, la structure suivante :

jour de la semaine + couleur (sauf *blue*)	*Sunday is green,*
autre jour de la semaine + *blue*	*Monday is blue,*
3e jour de la semaine + autre couleur	*Tuesday is white,*
And I love you !	*And I love you !*

(d'après C. Graham *Singing, Chanting, Telling Tales*
© Prentice Hall Regents)

Pour conclure

▶ La représentation symbolique, ici des couleurs de l'arc-en-ciel, est non seulement un support de mémorisation, mais aussi un facteur de meilleure intégration des enfants dans le groupe.

12

Clothes

Les enfants sont très soucieux d'avoir le "bon look". En France, la mode des jeunes semble privilégier les T-shirts, blousons, casquettes et sacs d'école imprimés de sigles, de logos et de griffes en langue anglaise. Depuis le "Original Jeanswear" jusqu'au "Sea. Sun. Sail", en passant par les "Wild life", et "Cargo Line", la liste des dénominations est quasiment illimitée. Il est d'ailleurs amusant de constater que le dernier chic dans les pays anglo-saxons, est de porter T-shirts et blousons imprimés de dénominations en langue française.

N'ignorez pas ces "supports visuels". Servez-vous-en, comme vous prenez déjà appui sur les mots "T-shirts", "jeans" ou "look". Faites prendre conscience aux enfants qu'ils sont ainsi "porteurs de messages". Mais faites aussi prendre conscience de l'humour douteux d'un "Public Enemy", vu sur une casquette d'enfant, ou d'un "Serial Killer" imprimé sur un T-shirt ! Et puis, comme chacun sait, l'habit ne fait pas le moine...

CLOTHES

Fonctions de communication : décrire les vêtements qu'on porte ou qu'on aimerait porter, et à quel moment.

Disposition : repoussez un peu les tables, afin que les élèves s'assoient en cercle.

Matériel : *flashcards* et *wordcards*, corde à linge et pinces à linge, petits carrés de papier, photos de magazines, pages de catalogues.

Types d'activités : compréhension auditive, travail oral en groupe, devinettes, production écrite.

Durée : 8 activités de 15 minutes.

Vocabulaire et structures : *blouse, boots, coat, clothes, dress, (sun)glasses, gloves, hat, jacket, jeans, shirt, (a pair of) shoes, shorts, skirt, socks, sweater, swimsuit, tie, trainers, trousers, T-shirt, big, long, short, small, tall, fashion show, hang, need, put on, swap, wash, wear, I'm wearing, when, it's cold, it's hot, go on holiday, you look..., beautiful, great, handsome, lovely, nice, terrific, wonderful, so do you !*

1 Jour de lessive / Washing day

❑ **Introduction du vocabulaire**

1. Tendez une corde à linge à mi-hauteur dans votre classe. Expliquez aux élèves que c'est aujourd'hui jour de lessive : *Today is washing day, let's do the washing !* Puis mettez, par exemple sept *flashcards* au tableau illustrant les mots : *jacket, shirt, sweater, skirt, jeans, T-shirt, socks.*

Demandez à chacun de dessiner (au moins) un vêtement sur une feuille de papier A4, de le colorier, puis de le découper. Faites en sorte que cette activité soit rapide et que les enfants dessinent bien le vêtement sur tout le format A4 (pas de vêtements trop petits).

❑ **Compréhension de l'oral**

2. Demandez aux élèves de prendre leur "vêtement" et de venir s'asseoir en cercle : montrez une première *flashcard*, celle représentant le pull, par exemple, et dites : *Where are the sweaters ?* Les enfants qui ont dessiné un pull lèvent la main et disent : *Here !* Procédez ainsi plusieurs fois avec tous les vêtements.

3. Introduisez ensuite l'activité *Change seats* où les élèves sont amenés à changer de place (voir activité "La recette", chapitre 9). Veillez à ce qu'il y ait une chaise de moins que de participants, et lancez les instructions suivantes : *Jeans and socks change seats. Jackets and shirts change seats,* etc. Passez en relais votre rôle d'animateur à un élève, puis à un autre.

2 La machine à laver / The washing machine

❑ Compréhension de l'oral

1. Expliquez que la partie centrale du cercle figure la machine à laver. *Here is the washing machine !*

Appelez plusieurs élèves : *I need the skirts and the T-shirts, please !* et invitez les élèves à "entrer" dans la machine à laver, à y faire deux ou trois tours rapides (c'est une machine très performante, *Our washing machine is very quick !*) puis à laisser les vêtements, c'est-à-dire les dessins, sur votre bureau, the *spin-dryer*, pour l'essorage...

❑ Expression orale

2. Tous les élèves ayant mis leur vêtement "à l'essorage", dites-leur qu'il faudra maintenant les suspendre à une corde à linge pour les faire sécher. *Let's hang the washing to dry.* Demandez à un premier élève, en lui présentant une pince à linge : *Please, hang the **blue** T-shirt on the line !* Demandez à un deuxième : *Hang the **green** skirt, please !*

Passez l'activité en relais, de telle sorte que chaque élève demande à un autre de suspendre un vêtement, en indiquant **sa(ses) couleur(s).**

❑ Compréhension ou reconnaissance de l'écrit

3. Faites écrire les étiquettes correspondantes et demandez aux élèves de les fixer avec un trombone sur chacun des vêtements.

3 Troc de vêtements / Swapping clothes

❑ Prolongement

1. Introduisez les mots *coat, shorts, sunglasses, hat, trainers, boots, swim suit*, à l'aide de *flashcards*. S'ils ne figurent pas, ou plus, sur la "corde à linge", réécrivez au tableau les mots correspondant à tous les vêtements présentés depuis le début (sauf *skirt*, car les garçons sont réfractaires à l'idée de porter une jupe), et demandez aux élèves de les recopier très lisiblement sur de petits carrés de papier.

Faites ramasser les papiers par un "facteur". Mélangez-les bien. Faites ensuite tirer par chacun de 10 à 12 vêtements, au hasard : ils constituent le "trousseau" qu'ils vont devoir emporter en vacances ! Un trousseau bizarre et saugrenu, comportant peut-être quatre manteaux, une paire de bottes, trois jeans et un chapeau.

❑ Travail par paires ou par groupes

2. Les élèves comparent alors le contenu de leur valise, leur "trousseau", avec celui de leur voisin(e), ou au sein d'un groupe de trois ou quatre élèves. Demandez-leur de "négocier" et de faire des échanges, un peu selon le principe du jeu des sept familles, afin d'obtenir un trousseau plus équilibré ou plus adapté à la destination qu'ils envisagent : *I'd like to swap one of my coats for a sweater.*

❑ **Expression écrite**

3. Puis les élèves écrivent dans leur cahier, ou sur une feuille, la liste du trousseau qu'ils ont négocié, et décident du lieu de leurs vacances : *I've got boots, 3 sweaters, a coat, a hat, jeans, and a jacket... I'm going to Britain !* ou bien *I've got trainers, 2 T-shirts, a swim suit, shorts, 3 shirts and sunglasses... I'm going to Florida !* Offrez votre aide et vos conseils pour le choix des destinations.

4 William et Louise / William and Louise

❑ **Compréhension de l'écrit**

1. Proposez une série de phrases, avec, par exemple, les situations suivantes : William a froid, il n'a pas l'heure, il a envie d'aller se baigner... et faites remettre dans l'ordre les réponses de Louise, qui lui propose de lui prêter ses affaires.

William	***Louise***
It's cold !	*Put on my swimsuit.*
The sun is shining !	*Put on my coat.*
It's windy !	*Put on my watch.*
My hands are cold !	*Put on my boots.*
It's raining !	*Put on my socks.*
Let's go for a swim !	*Put on my sunglasses.*
My feet are cold !	*Put on my gloves.*
What time is it ?	*Put on my sweater.*

❑ **Expression écrite**

2. Par paires, faites rédiger à leur tour par les élèves questions et réponses à associer ou confronter, éventuellement, dans le cadre d'une activité de *Snip Snap*.

5 La dictée des vêtements / Clothes dictation

❑ **Compréhension de l'oral**

1. Distribuez aux élèves une feuille sur laquelle vous avez reproduit un personnage, très sommairement.

Puis donnez-leur oralement la description des vêtements qu'il porte, ainsi que leurs couleurs. Les élèves dessinent et colorient, au fur et à mesure de votre dictée, la tenue vestimentaire du personnage. Donnez un nom à ce personnage, par exemple *Auntie Anny*. Votre dictée pourrait commencer ainsi : *Auntie Anny is wearing a long blue skirt and a small green jacket. She has got big black shoes and a tall green hat.*

Cette activité vous permet d'introduire une réflexion sur **la place respective des adjectifs de couleur et de grandeur** en anglais.

2. Faites comparer les résultats, d'abord par paires et ensuite par groupes. La représentation de votre *Auntie Anny*, issue de la même "dictée d'images", sera bien différente d'un élève à l'autre, et source de joyeuses surprises.

❑ Compréhension de l'écrit

3. Après avoir, à l'aide de pastilles adhésives, fixé en désordre au tableau les étiquettes sur lesquelles figurent les mots que vous avez utilisés dans votre description, faites reformer les phrases par les élèves, qui replacent ainsi les mots dans le bon ordre.

❑ Pairwork

4. Enfin, proposez-leur d'inventer, à leur tour, un personnage et sa tenue et d'en dicter les éléments et les couleurs à leur partenaire.

6 Le défilé de mode / The fashion show

1. Dites aux élèves qu'ils travaillent pour une maison de couture très célèbre, et qu'ils vont préparer, par écrit, le défilé de mode de la saison.

❑ Expression écrite

Proposez-leur de décrire six modèles. Donnez-leur des photos découpées dans des magazines ou des pages de catalogues de vêtements, si vous en avez, pour donner quelques idées aux moins imaginatifs. Demandez-leur de donner des noms à leurs mannequins femmes et hommes, et de ne pas oublier les couleurs des vêtements dans leur description.

Suggérez-leur un ou deux exemples : *Here is Lydia. She is wearing a blue skirt with a pink blouse, big pink sunglasses, blue socks and blue gloves,* ou bien, *Here is Steven. He is wearing white jeans, white trainers, a long brown shirt and a white hat !*

2. Proposez ensuite à chaque élève de retenir un modèle particulier, celui qu'il préfère, et de le dessiner sur une feuille de papier. Puis affichez tous les dessins, et présentez-en la série comme le "défilé de mode de la classe" : *Our fashion show !* (Attention. Faire jouer le défilé de mode par les élèves eux-mêmes peut parfois être source de problèmes pour certains enfants et/ou pour certaines classes.)

7 De quelle couleur est mon pull ? / What colour is my sweater ?

1. Demandez à un élève d'aller au tableau et de se retourner, le dos à la classe. Puis demandez-lui : *What colour is my sweater/shirt/blouse ?* Sans se retourner, il essaie de rassembler ses souvenirs et dit : *Your sweater/shirt/blouse is... blue ! ?*

❑ **Expression orale : émettre des hypothèses**

2. Le même élève reste au tableau, retourné. Faites signe à un autre élève pour qu'il pose la question, *What colour is my sweater/shirt/blouse ?*

C'est une excellente activité pour développer le sens de l'observation : en effet, l'élève doit d'abord reconnaître la voix de son/sa camarade, puis essayer de se rappeler ce qu'il/elle porte aujourd'hui.

❑ **Variantes**

3. Faites passer deux ou trois élèves, en demandant à ceux qui leur adressent des questions de varier leur contenu : *What colour is my jacket ? What colour are my shoes ?* Vous pouvez aussi faire demander : *What colour is my hair ? What colour are my eyes ?* si le vocabulaire correspondant est acquis, ou vous pouvez en profiter pour l'introduire ici.

8 Tu es super ! / You look terrific !

❑ **Travail sur la prosodie**

Soumettez aux élèves cet exemple de *chant :*

I like your jacket. You look great !
I like your hat. You look terrific !
I like your shoes. You look wonderful !
— So do you !

❑ **Création de textes**

Après leur avoir fait dire et scander ce texte, suggérez-leur d'en composer deux autres, sur le même modèle, et finalement de dire à voix haute celui qu'ils préfèrent à leur partenaire.

Le schéma du(des) texte(s) serait le suivant :

I like your. . . . . • You look . . . . !
I like your. . . . . • You look . . . . !
I like your. . . . . • You look . . . . !
— So do you !

(d'après C. Graham. *Small Talk* © Oxford University Press)

Vous pouvez également faire utiliser les mots *nice, beautiful, handsome, lovely...*

Pour conclure

▶ **Le "look" de l'enfant dépendant de la bourse de ses parents, veillez à ne pas susciter ou aiguiser de rivalité ou de jalousie dans ce domaine.**

▶ **Là encore, c'est dans le registre de l'imaginaire que l'enfant préférera s'exprimer.**

▶ **Jouer avec les styles vestimentaires et en inventer, c'est aussi mettre en évidence leur rôle social.**

13

Pets and other animals

Le thème des animaux, un des thèmes favoris des enfants, donne matière à un très grand nombre d'activités.

Il peut être aisément traité en rapport avec d'autres disciplines, comme la géographie et les sciences de l'environnement avec, par exemple, l'étude des espèces menacées ; ou le français, à travers les fables ; ou encore la biologie, avec la classification des animaux ou celle de leur nourriture ; ou les arts plastiques. Il se prête au travail sur le mime, l'expression corporelle et la voix ; il se prête à la fabrication de masques, à celle de figurines en pâte à modeler, etc.

C'est un thème facile à développer en langue anglaise, car il s'appuie sur des mots souvent transparents (en particulier les noms des animaux du zoo). Les activités que vous proposerez seront donc vivantes et variées et favoriseront la réussite de chacun.

PETS AND OTHER ANIMALS

Fonctions de communication : parler des animaux, les décrire, indiquer ce qu'ils sont capables de faire.

Matériel : *flashcards* ou cartes postales, *wordcards*, petites pinces à dessin, grilles d'enquêtes à construire.

Disposition : en cercle, puis ménagez un espace de circulation dans la classe.

Types d'activités : travail sur la compréhension auditive, jeux de rôles, travail sur l'expression corporelle et la voix, enquêtes, chansons, *rhymes*.

Durée : 8 activités de 15 minutes.

Vocabulaire et structures : Animaux familiers : *bird, budgie, cat, dog, goldfish, hamster, mouse/mice, spider, turtle ;* animaux de la ferme : *cow, duck, frog, hen, horse, pig, rabbit, sheep*, animaux du zoo et de la jungle : *bear, crocodile, dolphin, elephant, giraffe, hippo, kangaroo, lion, monkey, parrot, penguin, snake, tiger* et autres... *monster, dinosaur, climb trees, crawl, fly, jump, run, swim, walk, I can..., like a..., big, dangerous, fast, friendly, slow, small, well, (go) miaow (cat), woof-woof (dog), squeak (mouse), oink (pig), baa (sheep), cluck (hen), moo (cow), quack (duck), croak (frog), hiss (snake), roar (lion).*

1 | Les empreintes / Footprints

❑ **Introduction du vocabulaire**

1. Mettez au tableau six ou sept *flashcards* correspondant aux animaux dont vous voulez introduire le nom. Numérotez-les.

❑ **Solliciter la mémoire corporelle**

2. Faites mettre les élèves debout, en cercle, comme pour l'activité de la "météo" (voir chapitre 10). *Please, get in a circle. Now, turn to the right. You're going to draw on the person's back in front of you !* Mais, cette fois-ci, vous allez "dessiner" les empreintes, ou plutôt faire sentir le pas des animaux, dont vous avez affiché les images.

Exemples :

the cat : tapotez doucement le dos des deux mains en remontant de bas en haut, comme si le chat "marchait" sur le dos de la personne devant vous ; *the dog* : même chose, mais tapotez un peu plus fort et un peu plus vite ; *the mouse* : gratouiller et chatouiller doucement le dos ; *the hen* : "picoter" le dos de deux doigts ; *the frog* : pincer légèrement le dos des deux mains en les faisant sauter ici et là.

Si vous voulez introduire **des animaux de la jungle ou autres :** *the tiger* : "griffer" légèrement le dos ; *the elephant* : appliquez vos deux mains pesamment l'une après l'autre ; *the snake* : tracez d'un doigt un parcours sinueux ; *the kangaroo* : "boxer" de petits coups dans le dos de votre partenaire ; *the dinosaur* : à vous d'imaginer une démarche "gigantesque", mais... n'assommez pas votre partenaire !

3. "Dessinez" une empreinte sur le dos de l'élève devant vous, en donnant le nom de l'animal à haute voix. Ne faites pas répéter, mais faites simplement et rapidement passer la gestuelle correspondante, en disant plusieurs fois le nom, de telle sorte que chaque élève transmette ce qu'il sent dans son dos, tout en entendant le mot à acquérir.

❑ Travail sur la gestuelle

4. Introduisez vous-même deux ou trois animaux, en proposant les gestuelles, puis demandez aux élèves d'imaginer comment rendre l'empreinte ou la démarche des autres animaux qui sont affichés et numérotés au tableau. Un élève se désigne et dit, par exemple, en proposant une gestuelle sur le dos de son/sa camarade devant lui : *This is number 4*. À vous d'introduire alors le vocabulaire, en disant : *Ah, this is the rabbit !* et de faire reprendre la gestuelle par tous. Procédez de la même manière pour les autres mots à introduire.

❑ Expression orale

5. En vous plaçant derrière un autre élève, faites deviner et **dire** le nom de l'animal dont vous êtes en train de dessiner l'empreinte. Après l'avoir montrée sur deux ou trois élèves, passez l'activité en relais.

❑ Reconnaissance de l'écrit

6. Placez au tableau les *wordcards* correspondant aux images, en désordre. Demandez aux élèves de les faire se correspondre.

2 | Je nage comme un dauphin / I can swim like a dolphin

❑ Prolongement

1. Après avoir "dessiné" et fait dessiner les empreintes des animaux (ici, par exemple, les animaux de la jungle) sur le dos des enfants, introduisez les verbes, *jump, swim, walk, climb trees, run, fly, crawl,* dans des phrases comme : *the kangaroo can jump, the dolphin can swim, the bird can fly, the elephant can walk, the lion can run*, en accompagnant la phrase d'une gestuelle expressive, toujours sur le dos de l'élève devant vous. Les enfants transmettent les gestuelles de l'un à l'autre.

2. Puis, demandez aux élèves, en demi-cercle devant vous, de suivre vos instructions : *Can you jump like a monkey ?— Can you walk like a penguin ?— Can you fly like a bird ?* etc.

❑ Expression orale

3. Mettez les *wordcards* avec les verbes de mouvement au tableau, ou écrivez-les : ils serviront d'aides visuelles. Puis divisez la classe en deux groupes **A** et **B**. Faites-les mettre en deux files, les uns en face des autres, comme s'ils formaient une "haie d'honneur". Passez entre les deux files et dites, tout en le mimant : *I can walk like a lion !* Au tour des élèves de dire : *Hurray ! You can walk like a lion !* **en applaudissant**

Passez l'activité en relais, avec l'élève n° 1 du groupe **A**. Il dira, par exemple, en passant au milieu de la "haie" : *I can jump like a tiger !* Tous, applaudissant à son passage : *Hurray ! You can jump like a tiger !* Puis passez à l'élève n° 1 du groupe **B** qui dira peut-être : *I can swim like a dolphin !* ou bien *I can climb trees like a monkey !* etc. Faites ainsi passer tous les élèves.

3 Le cri des animaux / Animal noises

1. Distribuez aux élèves des *wordcards* sur lesquelles figure le cri d'un animal. Prévoyez pour une classe de 24 élèves 6 cris différents, par ex : *miaow, woof-woof, baa, moo, quack-quack,* et *squeak.* Mettez au tableau les *flashcards* correspondantes.

❑ **Travail sur la discrimination auditive**

2. Demandez aux élèves de se lever et, **les yeux fermés,** de partir à la recherche de leur "famille", en émettant le cri de l'animal qui figurait sur leur *wordcard.* Les élèves se dirigent "à l'oreille", et finissent par se regrouper à trois ou quatre. Intervenez ici ou là pour corriger quelques prononciations défaillantes. Soufflez à l'oreille la bonne prononciation (*woof* [wʊf], *moo* [mu:], *squeak* [skwi:k], etc.).

3. Les groupes étant constitués, demandez-leur quel animal ils représentent : *Who are you ?* Les enfants répondent : *We are cats and we go miaow,* ou bien *We are pigs and we go oink*, etc. Cette activité peut être illustrée ou prolongée par un mime.

4 Les jumeaux / The twins

1. Découpez en deux morceaux des *flashcards* ou des cartes postales représentant deux animaux ensemble, et fixez chacun des morceaux à l'aide d'une petite pince à dessin, sur l'encolure du vêtement de deux enfants différents, mais dans leur dos, de telle sorte qu'à aucun moment ils ne puissent voir l'image.

❑ **Expression orale**

2. L'activité consiste à trouver quel animal figure sur la carte accrochée dans son dos et à rejoindre le partenaire qui possède l'autre morceau, **en ne posant aucune question comportant le nom d'un animal**, mais des questions comme : *Can I jump ?* ou bien *Am I dangerous ?* ou encore *Am I green ?* Les élèves vont ainsi de l'un à l'autre en questionnant, et en aidant les autres à découvrir leur identité, et donc leur "jumeau".

3. Lorsque deux élèves pensent qu'ils vont ensemble, ils restent l'un à côté de l'autre. Demandez à la fin de l'activité à chaque "couple" : *Who are you ?* Les élèves répondent par ex. : *We are both giraffes. We are yellow and black. We can run fast,* etc.

❑ **Prolongements**

C'est une activité très vivante, que vous pouvez **appliquer à d'autres domaines**, à partir de cartes / images coupées en deux, représentant objets, nourriture, etc. Par ailleurs, elle vous permet de former de nouveaux binômes pour d'autres tâches.

5 | As-tu un animal familier ? / Have you got a pet ?

❑ **Expression orale**

Proposez aux élèves une enquête sur les animaux familiers qu'ils possèdent. Dessinez une grille au tableau. Pour les entrées "animaux familiers", fixez à l'aide de pastilles adhésives des *flashcards* ou cartes postales représentant des animaux. Notez le premier prénom de l'élève que vous désirez interviewer et demandez-lui : *Have you got a pet ?* Reportez ses réponses et passez-lui l'activité en relais. À son tour, il notera le prénom de l'élève qu'il souhaite interroger et la(les) réponse(s) à sa question.

❑ **Variante**

Vous pouvez demander aussi à chacun, muni d'un exemplaire de la grille, d'aller interviewer quelques camarades et de noter les résultats de leur interview.

Me		✓	✓			✓		
Tristan					✓			
Coline					✓			
Djibril	✓							

❑ **Expression orale et/ou écrite**

Cette grille sera l'occasion de faire **dire** ou **rédiger** à chacun le résultat de son enquête, par exemple : *Tristan has got a turtle, Djibril has got a cat,* etc. Les résultats pourront ensuite être visualisés sous forme de pourcentages (*55 per cent of the children have got a cat*), graphiques, etc. (voir chapitre 7), et publiés dans le journal de la classe, ou de l'école.

6 Les animaux et moi / Feelings about animals

❑ **Variante**

Voici une autre enquête à soumettre à vos élèves. Faites-leur comparer leurs réponses en binôme ou en groupe :

		CATS	DOGS	SPIDERS	SNAKES	BIRDS	MICE	COWS	FROGS
♥	I love	✓			✓				
☆	I like						✓		
☹	I don't like		✓	✓		✓			
👎	I can't stand								✓
💣	I hate							✓	

7 Comptine sur les animaux / Animal rhyme

❑ **Travail sur la prosodie**

Old Mac Donald had a farm, chanson très célèbre comportant les cris des animaux de la ferme, est cité dans la plupart des manuels. Voici un autre exemple de *rhyme* :

Walking through the jungle,
What do you think we'll see
If we hear a noise like this : Roar ! Roar !
What do you think it will be ?

© Puffin Books

Remplacez *jungle* par *garden* ou *farm*, pour d'autres cris...

8 Comptine mimée / Play rhyme

❑ **Prosodie et gestuelle**

An elephant goes like this and that, (se balancer lourdement d'un pied sur l'autre).
He's terribly big, (lever les bras très haut)
And he's terribly fat, (les écarter largement)
He has no fingers, (secouer les mains)
He has no toes, (toucher ses doigts de pied)
But goodness gracious, what a nose ! (mimer la trompe, d'un geste ample de la main).

(© Puffin Books)

Pour conclure

▶ **Plus les mots sont transparents, tels que "crocodile", "tiger", ou "lion", plus le travail phonétique et prosodique sur leur sonorité est important.**

▶ **L'élève risque, sinon, de ne retenir que leur aspect similaire ou même identique, et de ne pas mémoriser leur prononciation en anglais.**

▶ **L'enquête et sa technique permettent d'inscrire dans la classe un travail interactif et d'exploiter ses résultats à travers plusieurs disciplines.**

14

Happy birthday !

Fêtez l'anniversaire de vos élèves... et le vôtre ! Vous aurez ainsi de nombreuses situations de communication à exploiter : écrire des cartes d'anniversaire ; rédiger des invitations pour la "Birthday Party" ; se joindre à des "party games" et réaliser des tours de magie déclencheurs de parole ; offrir des cadeaux (les cadeaux imaginaires font en général plus plaisir que les cadeaux réels) ; confectionner des gâteaux, "Birthday cakes", bien réels eux, etc.

Mais pour éviter la répétition et le morcellement, regroupez les anniversaires à souhaiter : fêtez les anniversaires de l'été un jour de septembre, et ceux de l'automne jusqu'au 21 décembre. Souhaitez les anniversaires de l'hiver un jour de février ou de mars, et ceux du printemps, avant le 21 juin.

Si vous désirez ancrer votre enseignement dans le vécu des enfants, nul mieux que le thème de l'anniversaire ne vous le permettra.

HAPPY BIRTHDAY

Fonctions de communication : dire la date de son anniversaire, souhaiter l'anniversaire de quelqu'un, adresser des vœux, donner des instructions.

Matériel : papier Canson, carrés de papier, "boîte aux lettres" (voir explications page 12), deux morceaux de ficelle, pastilles adhésives, texte d'une histoire en langue anglaise, "baguette magique", *wordcards*, enveloppes.

Types d'activités : travail en groupe et en binôme, dialogues, travaux manuels : fabrication de cartes de vœux et d'invitations, production écrite.

Durée : 3 activités de 30 à 45 minutes, 5 de 15 minutes et prolongements.

Vocabulaire et structures : *When's your birthday?, My birthday is in..., I was born on...*, mois de l'année, dates, nombres ordinaux, *wish, celebrate, give, open, can you come to..., Yes I can/Sorry, I can't, that's a pity, (greeting) card, letter, present, pillar box,* cadeaux : *a book, a board game, a camera, a compact disc, a computer, darts, a diamond, a guitar, a piano, a ring, a robot, roller skates, a rose, a skate board, a tennis racket, new trainers, a video game, a watch, etc., pin, tail, donkey, up, down, right, left now, shoulder, arm, leg, foot/feet, raise.*

1 Le calendrier d'anniversaires / The birthday calendar

❑ Compréhension de l'oral

1. Dites aux élèves que vous allez établir un calendrier d'anniversaires. Donnez, à voix haute et dans l'ordre, les mois de l'année, directement en anglais (inutile de les traduire). Les élèves se lèvent à l'annonce du mois de leur naissance.

2. Puis, pour faire réentendre le nom des mois, demandez : *Where is January ?* Les élèves concernés disent *Here !* en levant la main. Posez les questions plutôt en désordre : *Where is December. ? Where is May ?* etc.

❑ Expression orale

3. Annoncez, par exemple : *I was born in March.* Puis adressez-vous à un élève et demandez : *And you ?* Faites passer réponse et question en relais.

❑ Introduction des nombres ordinaux

4. Introduisez les nombres ordinaux (*ordinal numbers*) :

*January is the **first** month, February is the **second**, March is the **third**, April is the **fourth**...*

5. Dites ensuite aux élèves de venir se placer sur un arc de cercle, et demandez aux "enfants de janvier" de prendre position au début de l'arc de cercle, à droite, par exemple : *Please come, you are the first month !* Puis : *February, come, you are the second month !*, etc.

Faites bien entendre la terminaison des nombres ordinaux, ainsi que les formes irrégulières *first, second, third + fifth.* (N.B. *eighth, ninth, twelfth* ont une forme **écrite** irrégulière.)

6. Annoncez, par exemple : *I was born on the sixth of March* (ou bien *on March the sixth*). Adressez-vous aux "enfants de mars" : *And you, when were you born ? (When's your birthday ?)* Aidez les élèves, et insistez sur les nombres ordinaux, en les répétant : *Oh, on the seventeenth ?* ou bien : *On the thirtieth ?*

7. Demandez alors aux élèves de se mettre exactement dans l'ordre de leur date de naissance, de droite à gauche. Chacun annonce sa date de naissance en anglais et se positionne par rapport aux autres, nés le même mois.

❑ Impliquer les élèves

Le calendrier d'anniversaires se trouve ainsi visualisé, "vécu et joué" par les élèves, et une certaine complicité s'établit entre "les enfants d'avril" ou "ceux de septembre" : *April children, September children...* Vous pouvez aussi vous appuyer sur cette "structure" des mois de l'année, pour un travail de groupe ultérieur : *I need the July and the December children today !*

❑ Prolongement

8. Chaque enfant note sa date de naissance sur un carré de papier (*Nathan : 2 August* ou bien *August 2nd ; Sara : 27 October* ou bien *October 27th*). Rassemblez les papiers et confectionnez ou faites confectionner un calendrier. À vous, en accord avec vos élèves, d'en choisir la forme.

2 | La boîte aux lettres / The pillar box

1. Fabriquez ou faites fabriquer une boîte aux lettres britannique, *a pillar box*, rouge et noire (voir explications page 12) et installez-la à demeure dans votre classe.

Dites que, grâce à la boîte aux lettres de la classe, chacun pourra envoyer une carte d'anniversaire, une carte de Noël, ou, si vous approchez du 14 février, *Saint Valentine's Day*, une *Valentine*, une carte adressée à quelqu'un qu'on aime (♥ !) vraiment bien, mais qui ne porte pas le nom de son expéditeur.

❑ Expression écrite

2. Le calendrier d'anniversaires bien en vue, demandez à qui s'adresseront les prochaines cartes d'anniversaire. Puis distribuez du papier Canson et faites fabriquer une ou plusieurs cartes. Faites écrire sur la première page : *Happy Birthday !* et, sur la page intérieure, un autre message : *I wish you All the Best, I wish you Good Luck, Success and Happiness !* etc.

Suggérez aux élèves de prendre ensuite l'initiative d'écrire à leurs camarades selon le modèle que vous avez proposé, et de déposer le courrier dans la boîte aux lettres, relevé tous les jours par un facteur, *a postman*, désigné par vous.

3 Cartes / Cards

❑ **Expression écrite**

Vous ferez écrire des cartes de Noël *Merry Christmas* (à accrocher ensuite sur la "corde à linge"), des cartes de Pâques *Happy Easter* illustrées du *Easter Bunny*, ainsi que les *Valentines* évoquées plus haut. Dans tous les cas, il est important que vous écriviez à tous les élèves une carte personnalisée (!), afin qu'aucun enfant ne se retrouve sans courrier pour son anniversaire, pour Noël ou le *Valentine's Day*, ce qui serait bien triste pour lui.

▶ **La "boîte aux lettres" peut servir à introduire toutes sortes de sujets** : vous pouvez recevoir des courriers imaginaires : un parchemin de Christophe Colomb, pour introduire votre leçon d'histoire, une lettre de Pasteur, pour votre leçon de sciences, etc.

4 L'invitation / The invitation

❑ **Expression écrite**

1. Demandez aux élèves de rédiger une invitation imaginaire à leur "Birthday Party". Profitez-en pour réactiver le vocabulaire des jours de la semaine, des heures et de la nourriture.

Invitation

Please, come to my party
on ...., at........................o'clock
There'll be ....,
.... and .... !
Your...

❑ **Compréhension de l'écrit**

2. Faites ramasser les invitations par un "facteur", et faites les redistribuer. Faites ouvrir les lettres, *Open your letters*, et demandez à chacun de lire son invitation. Exemples possibles :

Please, come to my party on Monday at 7 o'clock. There'll be chocolate cake, sandwiches and Music !
Your best friend

Please, come to our party on Saturday at 12 pm. There'll be ghosts, spiders and a nice arsenic punch !
Your Family Addams

Demandez ensuite à chacun de dire s'il s'y rendra et pourquoi. (*Yes ! I'll come, I love chocolate cake !* ou bien *No, I can't go, I hate spiders !* etc.)

5 Cadeaux d'anniversaire / Birthday presents

❑ **Expression écrite**

1. Faites adresser un cadeau d'anniversaire à chacun : demandez aux élèves d'écrire le nom d'un ou de plusieurs cadeaux sur un morceau de papier, très lisiblement, d'ajouter un dessin les illustrant, et éventuellement, des souhaits d'anniversaire. Suggérez aux élèves les cadeaux et les mots suivants : *a book, a board game, a camera, a compact disc, a computer, darts, a diamond, a guitar, a piano, a ring, a robot, roller skates, a rose, a skate board, a tennis racket, new trainers, a video game, a watch*, etc.

Faites écrire, par exemple : *Here is (are) your present(s) :......., Happy Birthday !*

❑ **Expression orale**

2. Chaque élève met son "cadeau" dans une enveloppe. Faites ramasser les enveloppes par un facteur : *Here comes the postman !* et faites-les redistribuer. Demandez à chacun d'ouvrir son cadeau : *Open your present !* et de dire ce qu'il en pense : *Do you like it ? Yes ? Why ? (It's wonderful, It's nice*, etc.), ou bien : *No ! Why not ?* (*It's stupid, I've got one...*)

Pour le jour de la fête d'anniversaire, proposez quelques *party games* traditionnels :

LA FETE D'ANNIVERSAIRE/THE BIRTHDAY PARTY

1 La queue de l'âne / Pin the tail on the donkey

1. Pas de fête sans *party games* : affichez (au tableau) deux exemplaires agrandis du dessin d'un âne sans queue.

2. Divisez la classe en deux groupes. Désignez dans chaque groupe un premier binôme. Faites-le se placer devant le tableau. Remettez à chaque *pair* un bout de ficelle, qui figure la queue de l'âne, et une pastille adhésive pour la fixer sur le dessin.

❑ **Suivre des instructions**

3. L'un des deux enfants a les yeux bandés et suit les instructions de son/sa camarade, afin de mettre la queue à la bonne place. L'enfant a le choix entre les instructions suivantes : *up, down, right, left*, et *now !* Le binôme vainqueur est celui qui a correctement fixé la queue de l'âne le premier. Faites passer plusieurs binômes.

2 Les chaises musicales / Musical chairs

1. Faites disposer les chaises selon le schéma ci-dessous (une chaise de moins que de participants).

❑ **Discrimination auditive**

2. Prenez le texte d'une histoire en langue anglaise, dans laquelle un mot, le nom du héros, celui d'un objet, etc., revient régulièrement. Dites aux élèves qu'à chaque fois qu'ils entendront ce mot, ils devront s'asseoir vite sur une chaise. Évidemment, il reste toujours un enfant debout... La tradition veut qu'on élimine le perdant et qu'on retire une chaise à chaque fois. Pour une fois, ne respectez pas la tradition, et n'éliminez pas le perdant. Vous garderez ainsi intacte la motivation de **tous** jusqu'à la fin du jeu.

3 Tours de magie / Magic tricks

❑ **Compréhension de l'oral**

1. Pas de fête sans tours de magie ! Proposez le tour suivant : demandez à un élève de se placer de profil contre un mur. L'épaule, le bras, la jambe et le pied droits doivent **toucher** le mur. *Put your right shoulder, arm, leg and foot against the wall, please !*

2. Faites lever la jambe droite : *Raise your right leg !* Pas de problème. Prenez votre baguette magique (*magic wand*) et prononcez la formule : *Abracadabra !* Puis demandez à l'élève de lever sa jambe gauche : *Now, raise your left leg !* Si l'enfant touche bien le mur de son épaule, de son bras, de sa jambe et de son pied droits, votre sortilège l'a en quelque sorte privé de l'usage de sa jambe gauche : stupeur générale !

❑ **Expression orale**

3. Passez le tour, votre baguette et la formule magiques en relais.
Et n'oubliez pas, bien sûr, de faire chanter le célébrissime :

Happy Birthday to you, Happy Birthday to you,
Happy Birthday, dear............., Happy Birthday to you !

Ajoutez d'autres strophes :

There are cards and a cake,
ou bien : *We'll have games and ice-cream*, etc.

Pour conclure

▶ **Toutes ces activités permettent de rapprocher l'enseignant et les enfants : "They bridge the gap."**

▶ **Elles aident aussi les élèves à trouver d'autres repères relationnels entre eux.**

▶ **Fêtes et anniversaires représentent des situations où l'écrit peut réellement prendre toute sa valeur communicative.**

15

Which way ?

Si l'élève se rend un jour en Grande-Bretagne, en Irlande ou aux États-Unis, comme nous l'espérons, une des premières choses qu'il aura à faire dans la ville étrangère sera de s'orienter : Demander où est l'arrêt de bus, se renseigner pour savoir où sont la poste, la piscine, etc. S'il séjourne dans une famille d'accueil, l'élève devra aussi s'orienter dans la maison ou l'appartement inconnus.

Trouver des repères dans des espaces nouveaux, mystérieux, tout en maniant une langue étrangère, est une expérience qui n'est pas dénuée de stress. Préparez l'enfant à cette aventure. Entraînez-le à chercher (et trouver) son chemin.

*Mais, plutôt que de lui faire suivre du doigt un dédale de trajets sur un plan de ville, ou étudier les pièces d'une maison anonyme, pourquoi ne pas lui faire **représenter** la situation de manière ludique et, d'abord, **jouer** la ville et la maison ? Le jour venu, devoir demander son chemin sera vécu avec moins d'appréhension.*

WHICH WAY ?

Fonctions de communication : rédiger du courrier, demander son chemin, donner des renseignements, reprérer les pièces d'une maison, d'un appartement.

Matériel : *wordcards*, enveloppes, illustrations représentant les bâtiments d'une ville (britannique) : banque, hôpital, bibliothèque, poste, gare, supermarché, piscine, zoo, etc., éventuellement : un billet de banque, un pansement, un livre, une enveloppe, un ticket de train, un sac à provisions, un maillot ou slip de bain, des cacahuètes, etc.

Types d'activités : travail sur la compréhension auditive et sur les repères spatiaux, mime, jeux de rôles, jeu de Kim, devinette, production écrite, chanson, activités par paires.

Durée : 9 activités de 15 minutes et variantes.

Vocabulaire et structures : *board, desk, door, wall, window, street, square, bank, building, hospital, library, poste office, station, supermaket, swimming pool, tourist, zoo, stand, I'm standing, I'd like to go to..., let's go to..., where is..., can you tell me the way to..., which way is..., first, then, go along, turn right/left, into, on the right, ont the left (of), next to, between, must be, house, flat, bathroom, bedroom, corridor, kitchen, living room, toilet, you're right.*

1 | Construisons une ville / Building a town

❑ **Mise en place**

1. Dites aux élèves que vous allez les entraîner à demander leur chemin dans une ville ; ajoutez que la salle de classe, avec ses allées, ses rangées, ses tables, ressemble un peu à une ville en miniature ; vous allez donc vous appuyer sur le plan de votre classe, pour "construire une ville". Donnez-lui un nom, en prenant exemple sur des noms de villes comme "Philippeville", "Charlestown" ou "Elizabeth City".

❑ **Introduction du vocabulaire**

2. Présentez quatre ou cinq éléments-repères de la classe : *the window(s), the door, the desk, the board, the wall.* Nommez-les clairement et étiquetez-les, en fixant à chaque fois une étiquette (*wordcard*) à l'aide d'une pastille adhésive. Puis tout en désignant, par exemple, l'espace entre votre bureau et le tableau, dites : *This is Boardstreet. I live at number I Boardstreet.*

❑ **Expression orale**

3. Demandez à un élève assis au bord de la rangée près de la porte : *Which street is it ? Where do you live ?* L'élève dit alors : *I live at number 2 Doorstreet.*

(Vous pouvez aussi désigner une "rue" du nom de l'élève qui en occupe la 1re place : *This is Lucystreet* ou du nom du "mobilier" de la classe : *This is Cupboardstreet. This is Shelfstreet. This is Sinksquare*, etc.)

Demandez également aux élèves qui "habitent" la même rangée, leur adresse : *I live at number 3 Doorstreet. And **I** live at number 7 Doorstreet*, etc.

Laissez toujours à l'élève le **choix** de définir, par exemple, "son adresse". C'est ce choix qui est déterminant dans la communication et l'apprentissage, car c'est lui qui implique l'élève dans l'activité.

2 Le courrier / The mail

❑ **Expression écrite**

Après avoir demandé à chacun où il "habite" dans la classe, proposez aux élèves d'envoyer du courrier aux différents habitants de "la ville", afin de leur en faire mémoriser le plan.

Demandez aux enfants d'envoyer deux ou trois lettres comportant un petit message : *Hello Coline, how are you ?* et de faire figurer sur l'enveloppe l'adresse du destinataire.

Montrez bien comment rédiger une adresse, par exemple : *Coline, 6 Wallstreet. ANNIE CITY* (si la ville porte votre propre prénom, par exemple). Les étiquettes, toujours affichées dans la classe, servent d'aides visuelles pour le nom des "rues".

Faites ramasser le courrier par un *postman* et faites-le redistribuer par un autre.

3 La ville animée / The animated town

1. Après vous être ainsi assuré(e) que le plan de votre ville est mémorisé, mettez au tableau sept ou huit illustrations correspondant aux bâtiments, *buildings*, de la ville ; nommez-les et numérotez-les.

Cette activité reprend le même principe que celui développé dans le chapitre 8, la carte animée / *the animated map*.

❑ **Faire émettre des hypothèses**

Placez-vous à un endroit précis et dites, par exemple : *I'm standing on Windowstreet.* Associez une gestuelle à votre représentation, et mimez quelqu'un tamponnant du courrier. *(Have a guess) what building am I ?* Les élèves essaient de deviner et répondent : *Your are number 3 (you are the post office)*. Si les élèves ne sont pas encore capables de produire les mots, parce qu'ils ne les ont pas encore en mémoire, soufflez-leur la réponse : *Yes, you're right. I'm the post office !*

2. Faites passer l'activité en relais : *It's your turn.* L'élève que vous désignez se place à un endroit de la ville, choisit de représenter un autre bâtiment, imagine une gestuelle et les autres devinent de quel bâtiment il s'agit, etc.

4 Le tremblement de terre / The earthquake

❑ **Expression orale**

Demandez d'abord aux sept ou huit élèves figurant les bâtiments de la ville de rester à leur place.

Puis dites qu'il va y avoir un tremblement de terre : *There'll be an earthquake !* Rassurez les enfants, il ne sera pas très grave, mais les bâtiments vont changer de place. Demandez alors aux élèves : *Close your eyes.* Faites changer de place discrètement et rapidement les "élèves-bâtiments", puis dites : *Open your eyes. What's wrong ?* Donnez un premier exemple : *The bank must be in Wallstreet !* Faites repositionner ainsi tous les "bâtiments".

❑ **Variante**

Vous pouvez aussi introduire l'activité *Change places !* en disant, par exemple : *The bank and the supermarket change places ! The station and the hospital change places !* Comme d'habitude, passez l'activité en relais et demandez à un premier élève, puis à un autre, de l'animer à leur tour en proposant des permutations.

5 Les touristes / Tourists

❑ **Introduction d'une nouvelle structure**

1. Dites que vous êtes un(e) touriste dans la ville : *Now, I'm a tourist.* Prenez une lettre/enveloppe à la main et dites d'un air songeur : *I'd like to go to the...* (faites deviner la suite de la phrase aux élèves) *post office. Where is it ?* L'élève figurant la poste vous fait alors un petit signe : *I'm here !*

❑ **Expression orale**

2. Passez l'activité en relais à sept ou huit autres élèves : donnez à un premier élève une illustration symbolisant un bâtiment, par exemple une image représentant un sac à provisions (si vous le pouvez, utilisez un objet réel, l'activité sera plus vivante). L'élève dit alors : *I'd like to go to the supermarket. Where is it ?*

Procédez ainsi avec tous les bâtiments et leurs symboles. *Station* : billet de train/*ticket* ; *library* : livre/*book* ; *swimming pool* : maillot de bain/*swimsuit* ; *post office* : lettre/*letter* ; *supermarket* : sac à provisions/*shopping bag* ; *hospital* : pansement/*plaster* ; *bank* : argent/*money* ; *zoo* : cacahuètes/*peanuts*.

Ne dites pas à l'élève : *You'd like to go to the zoo*, mais faites-lui deviner, d'après l'objet ou le symbole que vous lui proposez, où il aimerait aller.

6 Comment aller à... / Which way is it to... ?

❑ **Compréhension et expression orales**

Dites aux élèves qui n'ont pas encore été sollicités, c'est à dire qui n'ont pas joué le rôle de "bâtiments" ou de "touristes", qu'ils vont aider les touristes à s'orienter. Montrez l'activité.

Adressez-vous au "touriste" qui a un livre à la main et qui désirerait se rendre à la bibliothèque (*the library*). Dites-lui : *You'd like to go to the library. Which way is it ?* avec le ton de quelqu'un qui désire prêter assistance. Prenez-le alors par la main et dirigez-le vers "la bibliothèque", tout en décrivant très clairement le chemin à suivre, par exemple : *First, go along Boardstreet, then turn left into Juliastreet, then turn right. It's next to the swimming pool.* Répétez la démonstration avec un ou deux autres "touristes". Puis passez l'activité en relais aux "habitants" de la ville.

7 Chantons dans la ville / Singing in the town

❑ **Travail sur la prosodie**

Proposez cette chanson, à accompagner d'une danse :

As I was walking down the street,
Heigh-ho, heigh-ho, heigh-ho,
A little friend I chanced to meet,
Heigh-ho, heigh-ho, heigh-ho !
Jiggety jig and away we go,
Away we go, away we go,
Jiggety jig and away we go,
Heigh-ho, heigh-ho, heigh-ho !

(© Puffin Books)

Les élèves sont sur deux rangs, face à face, et marchent d'abord les uns vers les autres (*As I was walking down the street...*). Dès qu'ils rencontrent un(e) partenaire en face d'eux, ils se prennent par les mains (*A little friend I chanced to meet...*) et tournoient ensemble (*Jiggety jig and away we go...*). Puis chacun regagne son rang, mais en se décalant d'une place, pour reprendre la chanson depuis le début.

8 La maison / The house

❑ **Prolongement**

Présentez le vocabulaire de la maison selon le principe explicité plus haut : transformez l'espace de la classe en celui d'une maison ou d'un appartement, et faites jouer et mimer les différentes pièces (et pourquoi pas, par la suite, les éléments du mobilier).

Proposez ensuite une activité où l'invité français, *the French guest*, cherche à savoir où se trouve, par exemple, la salle de bains. Son hôte britannique le renseigne : *First, go along the corridor and then turn right. It's next to the kitchen.*

9 On emménage / We move in

1. Dans cette activité, il s'agit de faire imaginer aux élèves qu'ils viennent d'arriver dans leur nouvel appartement. Proposez-leur le plan type d'un appartement, avec, par exemple, six espaces correspondant à des pièces. Dites-leur qu'ils doivent décider de l'agencement de leur appartement et distribuer 6 pièces (*kitchen, living room, toilet, bathroom, 2 bedrooms*) de part et d'autre d'un couloir, *the corridor*, dans les espaces du plan que vous leur avez soumis.

Vous pouvez leur faire découper des dessins correspondant aux pièces et les faire coller dans les espaces libres.

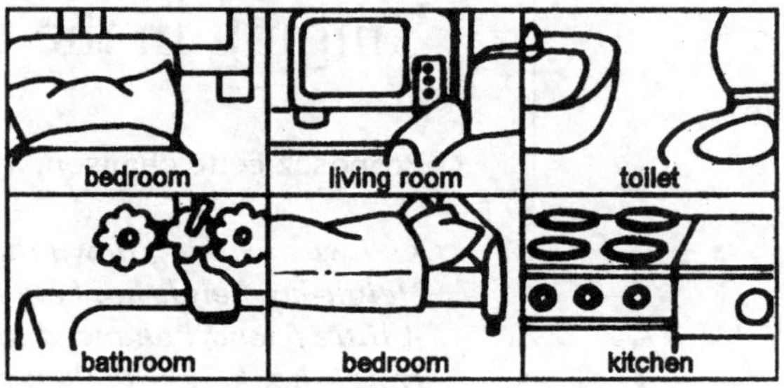

❑ **Pairwork**

2. Puis, par paires, ils devront trouver comment leur partenaire a agencé son appartement. Le premier qui trouve l'agencement exact a gagné.

Exemple : Elève **A** : *Where is your living room ?* - Elève **B** : *My living room is next to the bedroom*, etc.

Pour conclure

▶ **Faire véritablement s'orienter les enfants dans la salle de classe permet d'associer à l'apprentissage linguistique tout un travail sur le repérage spatial et la latéralisation.**

▶ **Le "pairwork" est non seulement un lieu d'interaction et de verbalisation idéal dans la classe de langue, mais c'est aussi un lieu de créativité.**

▶ **Faire créer par les élèves eux-mêmes toutes sortes de situations, jeux, devinettes, à soumettre à "l'autre" (partenaire de la classe ou d'une autre classe), c'est inclure l'enfant dans le processus même d'enseignement.**

16

My body and feelings

La nécessité de l'implication physique de l'élève a été développée dans la plupart des activités proposées dans cet ouvrage. Le fait de lier activité physique et activité en langue est une aide précieuse à l'appropriation, comme on l'a vu.

Ce constat se retrouve dans la théorie du "Total Physical Response" (réponse, réaction physique totale). Au départ, l'objectif de cette méthode est de fournir à l'élève un contexte sécurisant, qui réduise l'anxiété qu'il pourrait ressentir face à la production orale. L'accent est mis sur la compréhension auditive, sur le développement de l'écoute, sur le plaisir de comprendre et de faire, qui fera naître ultérieurement le désir de parler.

Le champ lexical du corps et des sensations est, bien sûr, particulièrement fertile en activités associant langage et action.

MY BODY AND FEELINGS

Fonctions de communication : décrire les parties du visage et du corps, parler de caractéristiques physiques, exprimer ses sensations, son humeur.

Matériel : rouleau de papier peint ou feuilles grand format, feutres, rectangles de papier, feuilles A4, étiquettes autocollantes.

Types d'activités : travail sur la compréhension auditive, dictées d'images, "Total Physical Response", production écrite, mime, chansons.

Durée : 8 activités de 15 minutes.

Vocabulaire et structures : *arm, body, cheek, chin, ear, elbow, eye, eyebrows, finger, foot/feet, hair, hand, head, hip, knee, leg, mouth, neck, nose, portrait, shoulders, tummy, upper body, whose... ?, draw, move, other, whole, how tall are you ? what do you weigh ? I weigh..., all right, angry, cold, cross, happy, hot, hungry, ill, safe, scared, thirsty, tired, unhappy, well, how do you feel ? I feel..., if..., clap, nod, rub, shake, shout, wave.*

1 Le portrait / The portrait

1. Demandez aux élèves de s'asseoir par paires l'un en face de l'autre. Expliquez que l'élève **A** va réaliser le portrait de l'élève **B**, mais en suivant vos instructions, et que ce portrait doit être le plus ressemblant possible. Puis ce sera au tour de l'élève **B** de faire le portrait de l'élève **A**.

❑ **Compréhension de l'oral : suivre des instructions**

2. Après avoir distribué une feuille de papier (A4) et des feutres au premier groupe "d'artistes", donnez les instructions suivantes, en montrant à chaque fois quelle partie du visage vous citez, et en ménageant des pauses : *Draw the head - Draw the left eye - Draw the right eye - Draw the eyebrows - Draw the nose - Draw the mouth - Draw the ears - Draw the hair (+ glasses, earrings)*. Les élèves utilisent bien toute la feuille (pas de dessins trop petits).

❑ **Expression orale**

3. Demandez aux artistes de signer leur œuvre et ramassez les portraits. Montrez un premier dessin : *Who is this ?* Les enfants essaient de reconnaître le "modèle". (Vous pouvez en profiter pour introduire ***Whose*** *portrait is it ?*) Ajoutez des éléments d'appréciation (toujours positifs), pour faire réentendre le vocabulaire des parties du visage : *Beautiful eyes ! Nice hair !*

4. Faire un deuxième tour pour l'autre groupe d'élèves. Affichez tous les portraits sur les murs de la classe, en laissant un certain espace entre chacun.

2 Remuez ! / Move !

❑ **Prolongement**

Les élèves debout en cercle, donnez les instructions suivantes, en montrant à chaque fois quelle partie du visage ou du corps vous citez : *Move your eyebrows - Move your eyes - your nose - your cheeks - your mouth - your ears - your head - your neck - your shoulders - your elbows - your hands - your fingers - your arms - your hips - move one leg - move the other leg - your knees - move one foot - move the other foot - move the whole body !*

► **Répétez cette activité autant de fois que vous le souhaitez. Petit à petit, les élèves mémorisent les parties du corps, tout au long d'un travail essentiellement de compréhension auditive.**

► **Demandez progressivement aux élèves eux-mêmes, d'animer l'activité et de donner les instructions.**

3 Les étiquettes / Labels

1. Fixez, sous les portraits de vos élèves affichés aux murs de votre classe, un rouleau de papier peint ou des feuilles grand format, de telle sorte que les élèves puissent dessiner leur corps, sous leur portrait. Montrez quelques exemples de portraits en pied qui pourront servir de modèles.

❑ **Expression orale**

2. Divisez la classe en deux groupes. Remettez aux élèves du groupe A un feutre, et demandez-leur de se placer chacun devant son propre portrait et de suivre à la lettre les instructions données par les camarades de l'autre groupe.

Suggérez à chaque élève du groupe B une instruction, à l'aide d'une gestuelle, dans un ordre qui pourrait être celui-ci : *Draw your neck, draw your shoulders, draw one arm, the other arm, draw one hand, the other hand, your hips, one leg, the other leg, one foot, the other foot, draw your clothes !*

Faites en sorte que les enfants ne dessinent pas des corps trop petits, et que le rythme de l'activité soit soutenu. Elle se passera dans la bonne humeur, si vous la présentez rapidement et si vous dites à chacun : *Your portrait is terrific ! excellent !* même si le résultat est maladroit. Riez-en avec les enfants.

3. Faites passer le deuxième groupe d'artistes, et demandez alors aux élèves du groupe A de donner les instructions.

❑ **Compréhension et production écrites**

4. Affichez au tableau les *wordcards* correspondant aux parties du corps et du visage que vous avez introduites depuis le début.

Demandez aux élèves de les recopier sur des rectangles de papier. Faites étiqueter par les enfants leur propre portrait en pied, en fixant les *labels* à l'aide de pastilles adhésives.

4 Les monstres / Monsters

❑ **Création d'un support visuel**

Dites aux élèves qu'ils vont créer des monstres constitués de morceaux assemblés. Montrez, si vous en avez, quelques illustrations représentant des créatures monstrueuses.

1. Distribuez une feuille de papier A4 à chacun et demandez-leur de la plier en quatre, selon le schéma ci-dessous.

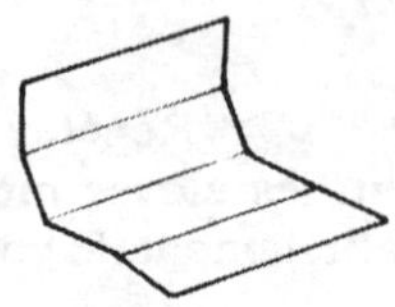

❑ **Réactivation du vocabulaire**

Chaque surface correspond à une partie du corps du monstre. La surface supérieure : *the head of the monster*, puis en dessous : *the upper body and the arms*, ensuite : *his hips and tummy* et la partie inférieure : *his legs and feet.*

Dès que la tête est dessinée, le papier est soigneusement plié pour masquer le dessin, et l'élève passe la feuille à son voisin. Il prend soin de laisser deux petits traits apparents (correspondant, par exemple, à la base du cou du monstre), de telle sorte que le voisin sache où reprendre le dessin.

2. Donnez au fur et à mesure les instructions suivantes : *Draw the head(s) and the neck of the monster - Draw the upper body and the arms - Draw the tummy and the hips of the monster - Draw the legs and feet (or paws).* Après avoir dessiné un morceau du monstre selon vos instructions, et **à votre signal**, les élèves plient le papier et le passent au voisin.

❑ **Un support de verbalisation**

3. À la fin de l'activité, faites découvrir, toujours à votre signal, le monstre dans son entier, en faisant déplier le papier. Puis les élèves préparent par écrit le "passeport" du monstre, afin d'être capables de répondre aux questions : *What's your name ? How old are you ? Where do you live ? What do you eat ? How tall are you ? (I'm ... metre(s) ...) What do you weigh ? (I weigh ... kilos).*

4. Demandez ensuite à chaque enfant de venir présenter son monstre devant la classe.

5 Comment vas-tu ? / How do you feel today ?

❑ **Introduction du vocabulaire**

1. Montrez des *flashcards* représentant des sensations, *feelings.* Nommez et faites répéter les adjectifs correspondants, tout en les mimant et en les faisant mimer. Par exemple : *happy, unhappy, all right / well, tired, hungry, thirsty, angry / cross, ill, scared, safe, hot, cold,* etc.

2. Collez sur le front des enfants des étiquettes (*stickers*) sur lesquelles vous avez noté les adjectifs que vous avez introduits.

❑ **Expression orale**

3. Faites mettre les élèves sur deux lignes, face à face. En alternance, chaque élève dit : *Hello, my friend, how do you feel today ?* en exprimant, de la voix et du corps, l'humeur ou la qualité indiquée sur l'étiquette du (de la) camarade en face de lui, qui essaie de deviner de quel adjectif il s'agit, et répond, par exemple : *I feel tired !* ou bien *I feel happy !*

❑ **Pairwork**

6 Remèdes / Remedies

Proposez un jeu de *Snip-snap* par paires. Préparez ou faites préparer d'un côté un jeu de *wordcards* avec, inscrite sur chacune d'entre elles, une sensation ou une humeur, les *feeling-cards*. Exemples : *I feel tired. I feel hungry. I'm scared. I feel ill. I feel thirsty. I feel hot. I'm angry. I feel cold.*

Et de l'autre des cartes-remèdes, les *remedy-cards*, avec une petite phrase-conseil. Exemples : *Go to bed. Have a sandwich. Don't watch horror films. Take a couple of aspirins. Have a Coke. Take your coat off. Calm down and relax. Put on your sweater.*

❑ **Expression orale**

L'élève **A** tire une *feeling-card* et dit comment il se sent. L'élève **B** tire une *remedy-card* et lui propose un remède. S'il est adapté, il gagne un point. Sinon, c'est son partenaire qui gagne le point.

7 La chanson du bonheur / If you're happy...

❑ **Travail sur les mémoires auditive et gestuelle**

Installez les élèves en cercle et faites-les répéter après vous chaque phrase de la chanson, ponctuée d'une gestuelle. (À chanter sur un air proche de “Elle descend de la montagne…”.)

If you're happy and you know it, clap your hands ;
If you're happy and you know it, clap your hands ;
If you're happy and you know it
And you really want to show it,
If you're happy and you know it, clap your hands !
If you're happy and you know it, stamp your feet, etc.
nod your head, etc.
wave your hand, etc.
shout 'We are' etc.

Autres versions :
If you're hungry and you know it, rub your tummy, etc.
If you're cross with everyone, pull a face, etc.
If you're cold and you know it, rub your arms, etc.

(© Puffin Books)

8 Une chanson trépidante / The Hokey Cokey

❑ **Action Song**

Pour terminer en pleine "action", faites mimer et danser cette chanson ! Les élèves sont en cercle.

You put your right arm in, (pointer le bras droit vers le centre).
You put your right arm out, (le pointer vers l'arrière).
You put your right arm in, (le pointer vers l'avant).
And you shake it all about ! (le secouer vigoureusement).
You do the Hokey Cokey, (les deux mains serrées, balancer les bras de droite à gauche).
And you turn around... (tourner rapidement sur soi-même).
That's what it's all about ! (frapper dans ses mains en rythme).
Chorus :
Oh, oh, the Hokey Cokey ! : (3 times).
(les enfants se donnent la main, avancent vers le centre du cercle, puis reculent, ceci à trois reprises).
Knees bent, (plier les genoux).
Arms stretched (lever les bras).
Ra ! Ra ! Ra ! (sauter trois fois sur place).

You put your left arm in, etc.
You put your right leg in, etc.
You put your left leg in, etc.
You put your whole self in, etc.

Pour conclure

▶ **Bouger, c'est montrer que l'on a compris messages et instructions.**

▶ **Bouger, c'est apprendre à inscrire activement le langage dans la mémoire de son corps.**

▶ **Bouger dans la classe, c'est aussi apprendre à respecter l'espace d'autrui.**

VOCABULAIRE ET STRUCTURES

(Un certain nombre de structures et de mots ont été simplement introduits en "imprégnation auditive".)

Chapitre			Page
3	**Hello, Hello !**	Good morning ! Good afternoon ! Good evening ! Good night ! Hi ! Hello ! Goodbye ! Bye(-bye) ! See you ! How do you do ? How are you ? Fine. Thanks ! Thank you.	17
4	**What's your name ?**	My (his, her) name is, What's your name ? I'm ...(years old), How old are you ? I live in.	23
5	**My family**	Mother, mum, father, dad, brother, sister, grandmother (grandma, gran), grandfather (grandpa), uncle, aunt, He / she is ...(years old), Have you got ? Yes, I have/No I haven't. I've got..., Who is it / this ? This is..., *pron. personnels, adj. possessifs, pluriel des noms, le possessif avec 's*	27
6	**1, 2, 3, 4... What time is it ?**	*les nombres de 0 à 20 ou un peu plus*, What time is it ? It's... (o' clock), It's half past..., (at) what time ? at ... (o' clock), a quarter to / past, am / pm, spy, there is..., come, sit (by me)	33
7	**At school**	Board, chair, exercice book, lunch box, pen, pencil, pencil case, pencil-sharpener, rubber, ruler, school bag, table, text book, point to, pick up, put down, favourite, subject, Art, English, French, Geography, History, Maths, Physical Education, Science, Technology, I'm good at... What would you like ? I'd like, Can I have..., please ? Here you are ! *les nombres de 21 à 100 et plus*, multiply, divide, add, take away.	39
8	**What can I see and do in the U.K. ?**	United Kingdom, England, Northern Ireland, Scotland, Wales, North, East, South, West, match, I'm going to..., do, see, take, visit, bus (double-decker bus), cottage, flag, pillar box, pub sign, taxi (cab), telepho-ne booth, underground (tube), Hallowe'en, bobbing for apples, pumpkin, Guy Fawkes Day, bonfire, Christmas, Father Christmas, Christmas Pudding, April Fools Day, May Day, maypole.	45
9	**Food and Drink**	It smells/tastes good, bad, nice, lovely, nasty, it tastes like/of..., it smells of... Do you like... ? I like, I don't like, I love, I hate *fruits* : apple, banana, grapes, lemon, orange, peach, pear, strawberry, *boissons* : coffee, coke, juice, milk, tea, water, *plats* : eggs and bacon, beans on toast, fish and chips, cheese and biscuits, bread and jam.	51
10	**What's the weather like ?**	It's grey and overcast, it's raining, it's windy, it's snowing, it's sunny, there's thunder, there's lightning, it's raining harder and harder, there's a tornado, whose turn is it ? it's my (your) turn	57
11	**What colour is it ?**	Black, blue, brown, green, grey, indigo, orange, pink, purple, red, white, yellow, dark / light, What colour is it ? What colour do you prefer ? What is your favourite colour ? rainbow, colour in, spring, summer, autumn, winter, *jours de la semaine, mois de l'année.*	61

12	**Clothes**	Blouse, boots, clothes, coat, dress, (sun) glasses, gloves, hat, jacket, jeans, shirt, (a pair of) shoes, shorts, skirt, socks, sweater, swimsuit, tie, trainers, trousers, T-shirt, big, long, short, small, tall, fashion show, hang, need, put on, swap, wash, wear, I'm wearing, when, it's cold, it's hot, go on holiday, you look...., beautiful, great, handsome, lovely, nice, terrific, wonderful, so do you !	**65**
13	**Pets and other animals**	*Animaux familiers* : bird, budgie, cat, dog, goldfish, hamster, mouse/mice, spider, turtle, *animaux de la ferme* : cow, duck, frog, hen, horse, pig, rabbit, sheep, *animaux de la jungle et du zoo* : bear, crocodile, dolphin, elephant, giraffe, hippo, kangaroo, lion, monkey, parrot, penguin, snake, tiger, *...et autres* : dinosaur, monster, clim trees, crawl, fly, jump, run, swim, walk, I can..., like a..., big, dangerous, fast, friendly, slow, small, well, (go) baa, cluck, croak, hiss, miaow, moo, oink, quack, roar, squeak, woof-woof.	**71**
14	**Happy Birthday !**	When's your birthday ? My birthday is in..., I was born on..., *mois de l'année, dates, nombres ordinaux*, wish, celebrate, give, open, Can you come to..., Yes I can/ Sorry, I can't, that's a pity, (greeting) card, invitation, letter, present, pillar box, *cadeaux* : a book, a board game, a camera, a compact disc, a computer, darts, a diamond, a guitar, a piano, a ring, a robot, roller skates, a rose, a skate board, a tennis racket, new trainers, a video game, a watch, etc. pin, tail, donkey, up, down, right, left, now, shoulder, arm, leg, foot/feet, raise.	**77**
15	**Which way ?**	Board, desk, door, wall, window, bank, building, hospital, library, post office, square, station, street, supermarket, swimming pool, tourist, zoo, stand, I'm standing, I'd like to go to..., let's go to..., where is, can you tell me the way to..., which way is..., first, then, go along, turn, into, (on the) right / left, next to, between, must be, bathroom, bedroom, corridor, flat, house, kitchen, living room, toilet, you're right.	**83**
16	**My body and feelings**	Arm, body, cheek, chin, ear, elbow, eye, eyebrows, finger, foot/feet, hair, hand, head, hip, knee, leg, mouth, neck, nose, portrait, shoulders, tummy, upper body, whose... ? draw, move, other, whole, how tall are you ? I'm... metre..., what do you weigh ? I weigh..., all right, angry, cold, cross, happy, hot, hungry, ill, safe, scared, thirsty, tired, unhappy, well, how do you feel ? I feel..., if..., clap, nod, rub, shake, shout, wave.	**89**

N° d'éditeur : 10155650 – Octobre 2008
Imprimé en France par CPI-Hérissey, 27000 Évreux – N° d'impression : 109905